論語的人文之美

【第一部】・傅佩榮　著

【目錄】

【自序】人人心中有孔子

本書是我在浙江大學為「文化中國人才班」的同學講解《論語》的實況記錄，再稍加修訂而成。年輕的心靈在面對龐大的孔子形象時，免不了有一番反思、批判與論辯，他們的敏銳提問一再刺激我的靈感，使我充分享受教學相長的樂趣。

這次講課的緣由是這樣的。浙江大學為了培育學生，設立「文化中國人才班」，由全校二年級五千多名同學中對國學有興趣者，精選出三十五人組成，由周生春教授主持規劃。承蒙周教授厚意，要我為第一屆同學講解《論語》。我未曾在大陸為本科生正式授課，正好可以借此機會了解優秀大學生的學習興趣及能力，乃欣然應允。結果呢？學生們的熱衷學習與熱切討論，讓我深深感受到身為老師的重大責任與無比喜悅。本書取名有個「美」字，意在讚嘆今日青年善於讀書，勇於提問，認真思考以及服膺真理的美好心態。

《論語》記載孔子與其弟子、時人應答之言行，由其第二代弟子所彙編，含括政治、教育、修身、處世等面向，談論層面廣而深，凝聚了孔子與儒家思想之菁華，蘊含豐沛智慧。大家都清楚，孔子的核心思想為「仁」，其實他同樣也相信「天」。孔子謹守「天命」，然而何為天命呢？人性向善，擇善固執，最後要止於至善，就是每一個人的天命；實踐方式便是當個人身處何種角色，就盡全力做好自己的本分，如此就能合乎天命。

怎樣研究古代的思想？時移世易，古人的話即便在當時有道理，到了今日是否仍舊如此，又該如何闡釋？

有關《論語》的解讀、闡述與推介，我已寫了十幾本書。本書的特色是加入了年輕學生的提問與我的回答。我的回答不是結論，而是引發新問題的線索。這些問題與答案使我們走出《論語》，面向今日世界與現代人生，使我們在肯定「人人心中有孔子」時，可以進而活出兼具人文之美與人格之美的一生。願以本書與有心上進的朋友們共勉。

二〇一三年一月

卷一 緒論

無論做學問還是讀《論語》，都有可以遵循的方法。怎樣去理解一段文本：第一，它究竟說什麼；第二，它想要說什麼；第三，它能夠說什麼；最後，它應該說什麼。

1.《論語》緣起

怎樣研究古代的思想，這個問題仍然困擾著我們。我們的傳統非常悠久，也非常豐富，可是與我們時空相隔太遠，古人所說的話在當時有道理，到了今天是否還有道理呢？比如《論語》這本書，我們該怎樣去讀呢？

首先，《論語》並不是孔子寫的，而是孔子的弟子的弟子——第二代弟子編成的。孔子的第一代弟子在他過世後捨不得老師，就在他的墳旁蓋房子住，爲他守喪三年。古代所謂守喪三年，不是三十六個月，根據荀子的說法是二十五個月。荀子說：「三年之喪，二十五月而畢。」（出自《荀子．禮論》與《禮記．三年問》）前二十四個月是兩年，第二十五個月是第三年的第一個月，這樣稱爲「三年之喪」。

我有一個越南學生是和尙，在台灣大學修我的課。他告訴我，現在在越南有些人守喪還是二十五個月。由此可見，「禮失求諸野」這句話是有道理的。在地理上說，越南相對偏遠，早期接受傳統文化後沒有什麼更換，不像我們是不斷與時俱進，反而可能忘了原本是什麼樣子。

孔子的學生在守喪期間做什麼呢？不能上班，所以每天都在懷念老師，回憶老師的言行。我們今天讀的《論語》裡的每一句話，孔子的第一代弟子都爛熟於心，後來再由有若和曾參的弟子記錄下來。

《論語》裡面除孔子以外，有若稱「有子」，曾參稱「曾子」。因爲有若、曾參的學生把老師輩的師伯師叔所背誦的《論語》記錄下來，同時把自己的老師提升爲「有子」與「曾子」。這實在是很特殊的事情，要知道曾參的父親曾點也沒有被稱爲「曾子」。「子」這個字放在前面沒什麼，子游、子夏、子路、子貢、子張……只代表名字。但是這個字放在名詞後面就不一樣了，比如孔子、孟子、荀子、老子、莊子……這是尊稱，代表老師、先生。實際上，「曾子」比孔子小四十六歲，在同學中算是很年輕的，他對孔子又能理解多少呢？

另外，有個有趣的問題：孔子是怎麼開始教書的呢？

孔子本來並沒有特別想要教書，只是非常好學。古時候做到好學並不難，也就是學習五經和六藝，材料很少，只要用功就可以學完。五經是《詩》、《書》、《禮》、《樂》、《易》；六藝是禮、樂、射、御、書、數，是應用的技能。其實禮、樂是重疊的，代表禮樂既有「經」的部分，又有「用」的部分。

譬如音樂，光懂理論是不夠的，還要能夠演奏。五經即五種經典，《詩經》代表文學，《書經》代表歷史，《禮經》代表社會規範，《樂經》代表藝術，《易經》代表哲學。

什麼叫哲學？古代並沒有「哲學」這個詞，它其實就是由觀察「天之道」以安排「人之道」。不像文學和歷史展現了生活的理想與現實，哲學是一套理論系統，它探究什麼樣的生活才有意義，由此幫助我們建立價值觀。

我們的傳統哲學與西方哲學有相同的地方。西方哲學原指愛好智慧，智慧就是完整而根本的理解。一般人的理解是部分的、片面的，而哲學的智慧是完整的、全面的。我們只能愛好智慧而不能擁有智慧，因爲只要一個人還活著，生命就是不完整的。直到面對死亡的一剎那，生命到了結束時才是完整的。這是西方人的理解。中國的哲學比如《易經》，是一整套理念，幫助人理解宇宙與人生，闡釋其道理何在，指導我們安排自己的生活，諸如此類的問題。

2. 為學有術

無論是做學問還是讀《論語》，都有可以遵循的方法。

有個詞叫做「文本（text）」，翻開《論語》，第一句話是：「子曰：學而時習之，不亦說乎？」（出自《論語·學而第一》）這就是文本。怎樣去理解一段文本，這是個大問題。我們要問：第一，文本它究竟說什麼？第二，它想要說什麼？第三，它能夠說什麼？第四，它應該說什麼？

第一，它究竟說什麼。這需要通過文字學，搞清楚訓詁方面的考據。中國大陸每隔一段時間就新發掘出一些古代墳墓，接著就可能對歷史研究進行某些修正。

最有名的例子是帛書本《老子》。一般人看《老子》，都看王弼的注解，而王弼是魏晉時代的人，但是帛書本《老子》據考證出自更早的漢高祖時代。何以見得？因爲古代寫書要避諱皇帝的名字。譬如，有一句話是「治大國，若烹小鮮」，如果寫成「治大邦，若烹小鮮」，說明這個版本早於劉邦。因爲漢高祖名叫劉邦，在他當皇帝之後，「邦」字就不准用了，只能改爲「國」字。還有一句是「道可道，非常道」，新發掘出的版本如果寫作「道可道，非恆道」，說明此版本在漢文帝劉恆之前。

我們回頭再讀王弼的《老子》，就明白有些字是相通的，「常」就是「恆」，「國」就是「邦」；不過在其他地方可能不一樣。另外，斷句不一樣，也影響對文本的解釋。

在充足的材料沒有發掘出來之前，讀書的人只能猜測。目前只有一個版本，就只能看研究的人誰講得比較合理。在猜測的過程中，有時候誤會也可以成爲一種創造，可以繼續發展，可以講得很有道理，不過這畢竟不是古人原本的想法。有時候挖掘出來的是好材料，是比較早的正式版本，沒有什麼問題；而有時候可能只是多刻了一個字，這樣就成了猜謎大會。

譬如，孔子說：「吾十有五而志於學，三十而立，四十而不惑，五十而知天命，六十而（耳）順，七十而從心所欲不逾矩。」（出自《論語・爲政第二》）其中「耳順」的「耳」就是多出來的字。如果看孔子之後的先秦儒家經典，《孟子》、《荀子》、《易傳》、《中庸》、《大學》，沒有任何一個地方提到耳朵順不順，倒是有很多次談論「順天命」，孔子也在《易傳》（儒家解釋《易經》

的材料）中多次談到。這就值得懷疑：孔子說的眞是「耳順」嗎？

另外，怎麼理解「耳順」呢？是指能聽進去各種不同意見嗎？不是。孔子並不主張聽進去各種意見，而是主張「道不同，不相爲謀」。

還有人認爲耳與「聖」有聯繫，這句話暗示孔子六十歲時認爲自己成聖了。其實，孔子從不認爲自己是聖人，他認爲，就連堯舜還有很多事情做不到，而且一個人死後才能蓋棺論定，「若聖與仁，則吾豈敢！」

「六十而（耳）順」的「耳」實在是多出來的字，是衍文。涉及孔子六十歲這麼重要的階段，在先秦儒家經典中沒有第二個例子，這個就成爲孤證，讓人無法解釋這一隻孤單的耳朵。

我們注意到，孔子晚年就是在「順天命」。古人的「順」是指下對上，如順天、順父母、順國君、順長輩……但是除了孔子沒有人說過耳朵順不順，而且「耳順」與孔子在六十歲前後做的事情完全不相干。從五十五歲到六十八歲，孔子花了十四年的時間周遊列國，這需要的不是「耳順」，而是「順天命」，即「知其不可而爲之」。

這是理論上的一種解釋。以上是第一步，理解文本究竟要說什麼，要看論據夠不夠多，道理講得是否圓滿。

第二步是探討它想要說什麼。每一個時代有自身的問題，留下的紀錄往往意在言外。隔了幾代之後，後人往往不理解古人的用意。

譬如：孔子爲什麼要談「仁」？仁是孔子的核心觀念，在《論語》中出現了一百零四次，除了「之乎者也」，這個字出現得最多。孔子的學生反覆問他什麼是仁，孔子的回答每次都不一樣。他究竟爲什麼要提出這個概念呢？

在孔子的時代禮壞樂崩，社會的行爲規範已經瓦解，禮和樂變成外在形式。孔子說：「禮云禮云，玉帛云乎哉？樂云樂云，鐘鼓云乎哉？」（出自《論語·陽貨第十七》）意思是：我們說禮啊禮啊，難道只是說玉和帛嗎？我們說樂啊樂啊，難道只是說鐘和鼓嗎？「禮」這個字右邊是「豐」，「象二玉在器形」（出自王國維《釋禮》），形如兩塊玉在桌子上。孔子認爲，禮和樂不能只有外在的形式，還需要有內涵。

在古代，禮樂用來約束人的行爲。禮代表「分」，長幼尊卑，都有規矩；樂主「和」，使人們情感和諧。有分有和，人的社會才有秩序。在孔子的時代已經禮壞樂崩，他之所以談論仁，是要重新找到價值的基礎，亦即一種源自內在的眞誠力量。當外在規範已經瓦解的時候，只能從內在找到規範的基礎。其實我們現在也應該問自己：爲什麼我要行善避惡？

以前周公制禮作樂，孔子非常崇拜他。但是現在禮壞樂崩，不可能復古了。孔子不是要復古，而是承前啟後，承禮啟仁，承的是周朝的禮，啟的是人心的仁。孔子反覆強調「仁」這個概念，因爲他想挽救時代的危機——價值觀上的虛無主義。

所以說，離開時空的脈絡，我們不可能理解孔子的思想或整個思想史的背景。

第三步，它能夠說什麼？「能夠」二字代表可能性。

《論語》傳習到現在有兩千多年了，很多讀書人都爲它作注解，每一種注解都是一種可能性。我就至少看過上百家注解，說明起碼有上百種可能來解釋每一句話。《論語》中有些話比較簡單，有些話卻沒有定論。一句話既然啟發了某個人的某種注解，說明它有著豐富的可能性。我們多了解別人的解釋，就不會誤以爲自己的同一種解釋是創見。譬如，「六十而〔耳〕順」的「耳」字是多出來的，我起初以爲是自己的創見，後來才發現很多人早就講過了。比如馮友蘭先生就講過，但他沒有給出證據，只是憑藉哲學智慧認爲「耳」字是多出來的。去年我看到梁漱溟先生的一本書，是他在北大教《孟子》時的講義（廣西師範大學出版社二〇〇三年出版）。書中寫到，孟子主張的不是「人性本善」，而是「人性向善」。我講「人性向善」講了二十多年，忽然發現梁先生早就講過了，只是他沒有給出論證。做學問，不能說先發明這個詞的就贏了，要看誰能對這種理論作出完整的建構。

最後一步最難，它應該說什麼。通過前三個階段的檢驗，研究者最終要判斷它應該說什麼。

這麼多人都在講《論語》，我們聽哪一位的呢？看誰講得有道理！所謂有道理，分兩方面看。一方面，看在《論語》這部書中有沒有前後呼應。

譬如，孔子說「自行束脩以上，吾未嘗無誨焉」（出自《論語·述而第七》），向來在翻譯上有爭論，從中可以學習讀《論語》的方法。

一般來說，這段話有兩到三種解釋。第一種最原始，自己帶著十束肉乾來找我的，我沒有不教的；第二種，自己帶著薄禮來找我的，我沒有不教的；第三種是南懷瑾先生的翻譯，自己穿戴整齊，束髮修行。不過第三種在漢代就有人講了，南先生選擇了這種來解釋。

第一種是後人最常採用的，但在現實上有問題。首先，讀懂一句話，有時候要聯繫全書相關內容來讀。〈鄉黨第十〉其中一章提到「沽酒市脯（ㄈㄨˇ），不食」〔註〕。「沽酒」是在市面上買來的酒，「市脯」是市面上買來的肉乾。可見孔子是不吃買來的酒與肉乾的。如果有學生送孔子肉乾，孔子難道會問「是你家人做的還是外面買的」嗎？顯然不可能。其次，根據司馬遷的記載，孔子有三千弟子，假如每人送十束，就有三萬束肉乾，這樣吃法恐怕會得胃癌死掉的。再次，把「自行束脩以上」翻譯成「自己帶十束肉乾來找我」，顯得孔子高高在上，這合理嗎？

馮友蘭先生在《中國哲學史》中提到，中國有一個孔子，西方有一個蘇格拉底，他們都是有名的老師，但孔子還是比不上蘇格拉底，因爲後者不收學費。不過馮先生又說，我們也不能怪孔子，因爲總歸要維持生活的。馮先生是好心，這番話卻完全是誤解。

南先生解釋爲：自己束帶修飾、服裝整齊，跑來找我的我都教。他也是把「自」當成自己，只是用了比較合理的方式，但是理解有偏差。事實上，束帶修飾是漢代的禮節，孔子的時代「行束脩」不可能是這個意思。假如採用這種解釋，「以上」的「上」又代表什麼呢？是說孔子高高在上嗎？同學們見了我，都要跪下來匍匐前進，我高高在上。這種解釋很不合理。

其實，上面提到的三種解釋，都把「自」當作自己，本身就是錯誤的。這裡的「自」是「從」的意思。

在《論語》中，「自」有兩種用法，共出現二十次，有十次作「自己」講，另外十次作「從」講。例如，有朋「自」遠方來，「自」就是從。「自」當「自己」來講時，一定是一個反身動詞的主詞。所謂反身動詞，就是主詞和受詞是同一個字。「自」的這種用法在《論語》中出現了十次，無一例外。譬如，「自道」、「自辱」、「躬自厚」等，反身動詞「自」的受詞就是「我自己」，主詞後面不能另有受詞。因此，「自行束脩以上」，如果「自」是自己，翻譯成自己帶著學費或是肉乾，主詞後面就有了受詞，這不合《論語》的文法。

有人把這句話唸成「自行……以上」，其實是不對的。整部《十三經》中「自……以上」出現了三次，另兩次出現在《周禮・秋官司寇》中，很抱歉，都不是這種句法，而孔子顯然不會自己創造一種句法。另兩次都是「自生齒以上」，指數字的增加，用以描述年齡。「自生齒以上，皆錄於版」，生齒代表一歲了，長牙齒了。古代登記戶口很麻煩，需要在竹簡上刻名字，而嬰兒的死亡率很高，所以有等小孩子長了牙齒後再登記的規定。因爲嬰兒長了牙齒，就可以吃硬的食物，存活問題不大。這有古代資料可查。「以上」，代表歲數往上增加，從一歲以上。第三次就是孔子講的「自行束脩以上」，當然是指從十五歲以上。

「行束脩」爲什麼是指十五歲呢？最早的時候，貴族子弟確實是十五歲開始上大學，要帶十束肉乾；後來就以「行束脩之禮」代表十五歲。這在古代是很常見的用法。古時候，女孩子十五、六歲就要及笄，看到女孩子不能問幾歲了，要問她及笄沒有；看到男孩子，則要問加冠沒有。女孩子及笄之後就可以結婚了，男孩子加冠之後也算成年，可以結婚了。這種禮節是代表一個階段。

孔子說「自行束脩以上，吾未嘗無誨焉」，意思很清楚：從十五歲以上，我沒有不教的。古時候老百姓子弟在十五歲之前有鄉學，就是孟子說的「謹庠序之教」，在鄉學裡學習文化常識與基本武藝，但是十五歲之後就沒地方學習了，只能準備子承父業。孔子開了平民教育的先河，讓老百姓繼續受教育，所以他強調從十五歲以上，沒有自己不教的。這是多麼簡單清楚的道理。

孔子這麼一個清楚明白的心願，兩千多年來被後人解釋得稀奇古怪，什麼說法都有，就是因爲沒有了解「自」的兩個用法。

做學問的人應該記住一點：在眞理面前，沒有人有特權，不要說哪一個講得一定對。就算對我自己的老師方東美先生，他的某些觀點我照樣會質疑。方先生從小就讀國學，一直受「人性是本善的、至善的、全善的、純善的」這種觀念的影響。但是老一輩的人沒有深入思考：孔子講的是人性本善嗎？或者，那只是朱熹注解的意思呢？

我們來聽聽孔子怎麼說。孔子說：「君子有三戒：少之時，血氣未定，戒之在色；及其壯也，血氣方剛，戒之在鬥；及其老也，血氣既衰，戒之在得。」（〈季氏第十六〉）血氣代表一個人的本能、欲望與衝動，因此在青年、中年、老年的時候都要小心，這樣看來，人性哪裡有本善的影子呢？

今天講「本善」，都是因爲宋代學者的影響。譬如，翻開朱熹注解的《論語》第一頁，「學而時習之，不亦說乎？」他的注解立即說，「學之爲言效也。人性皆善，而覺有先後。」朱熹說：如果沒有覺悟，也是無法知道善的；有了覺悟，才發現人是本善的。這實在是幻想！

孔子並不認同「人性本善」，孟子也一樣。孟子說：「富歲，子弟多賴；凶歲，子弟多暴。」經濟好的時候年輕人懶惰，經濟不好的時候年輕人凶暴。這麼說來，哪裡可以證明「人性本善」呢？人是會受環境影響的。如果說一個本善的人隨時可能做壞事，那麼講與不講「本善」又有什麼差別？

儒家的思想是「人性向善」，「向」字源於眞誠。當我不眞誠的時候，我不是以人的身分與他人相處，而只是一種高等生物；只要我一眞誠，就成爲一個人，內心發出力量，要求自己做該做的事。譬如，〈顏淵第十二〉有云：「司馬牛憂曰：『人皆有兄弟，我獨無。』子夏曰：『商聞之矣：死生有命，富貴在天。君子敬而無失，與人恭而有禮。四海之內，皆兄弟也──君子何患乎無兄弟也？』」四海之內皆兄弟，前提是「君子敬而無失，與人恭而有禮」，否則「皆兄弟」只是一句空話。敬和恭代表人的行善。只有行善才能和別人成爲兄弟，因爲別人也是向善的。

那麼，孔子所說的「仁」是什麼意思呢？**仁分三個層次：第一，人之性；第二，人之道；第三，人之成**。仁的三個層次都與善有關：人之性，向善；人之道，擇善固執；人之成，止於至善。

學生請教孔子「仁」的含義，通常是針對第二個層次，想知道自己一生的路應該怎麼走。每個學生走的路不一樣，孔子對他們的回答自然也不一樣。學生樊遲在三種情況下問孔子，得到三種回答。這說明儒家強調智慧。沒有智慧就沒法去「擇」善，昨天這樣做是對的，今天這樣做就未必對，因爲情況變了；對張三這樣做對，對李四這樣做就未必對，因爲對象變了。儒家有「三達德」——智、仁、勇，其中「智」排第一，不是沒有道理的。

【註】食不厭精，膾不厭細。食饐而餲，魚餒而肉敗，不食。色惡，不食。臭惡，不食。失飪，不食。不時，不食。割不正，不食。不得其醬，不食。肉雖多，不使勝食氣。唯酒無量，不及亂。沽酒市脯，不食。不撤薑食，不多食。

——〈鄉黨第十〉

卷二

學而第一

儒家的「學」有三個特色：

一、學的內容是五經和六藝；

二、學與思配合；

三、學與德行配合。

1. 學問特色

子曰：「學而時習之，不亦說（ㄩㄝˋ）乎？有朋自遠方來，不亦樂乎？人不知，而不慍，不亦君子乎？」

「時」，很多人翻譯爲「時常」，我認爲翻譯爲「適當的時候」更恰當。時常複習，就會感到愉快嗎？這沒有道理。學習過後，在適當的時候進行練習、加強理解，就感到愉快，這樣才說得通。

在古代，「時」較少當作「時常」講，當作「時機」講的時候較多。譬如，孟子把聖人分爲四種，認爲孔子是「聖之時者也」，意思是孔子在適當的時候該怎樣就怎樣，這樣的聖人需要有德行、智慧與判斷力。儒家非常強調仁與智的結合。

「學」什麼呢？學習做人處世的道理。五經、六藝都是講做人處世的道理。譬如，學習了孝順需要練習，但不能隨便練習，只有對待父母的時候才能練習。學習了誠信，用以對待朋友，遇到其他情況就要區別對待。譬如，對於「城下之盟」，孔子認爲在威脅之下訂立的盟約是不算數的。我們不要以爲孔子是木訥頑固的。

君子與小人有什麼區別呢？君子有志向，想要成爲一個眞正的人；小人就是不立志的人。「小人」這個詞起初指的是小孩子，一個人長大之後還沒有立志，那麼他仍舊是小孩子。小孩子的特點是只顧自己，不爲他人設想。所以說小人注重利益，君子注重道義。有些人可以逐漸實現自己的潛能，就從小人變成大人，大人即君子。

君子不只注重道義，還能夠行善，因爲人性向善。什麼叫善呢？善就是我與別人之間適當關係的實現。我們要行善避惡，如果不清楚什麼叫善、什麼叫惡，那該如何做呢？同學們也許不同意我對善的定義，那麼你認爲什麼叫善？

·思辨與問答

【學　生】傅老師，我覺得有些事物不一定有明確定義。譬如，我們要做一個好人，並不一定知道好人具體是一個什麼樣的人。今天我撿到錢，交給警察，我是個好人；明天我看見有人落水，就去救他，我是個好人。通過具體的判斷我們就可以得出，一個好人應該是什麼樣子，但是我們無法窮盡，也無法給出一個標準定義。

【傅佩榮】你的説法很好！一般人確實可以這樣。但是對於儒家，要殺身成仁，要捨生取義，如果對仁、義這些概念沒有明確的認識，不是要稀里糊塗地死掉嗎？有人溺水，你去救他，也要先看你是否會游泳；如果不會游泳，這種援救不就是白白犧牲嗎？還有哪位同學説一下自己的看法？

【學　生】善就是符合社會規範和自己內心的道德準則。

【傅佩榮】很好，但有循環定義之嫌。內心的道德準則又是什麼呢？是善？孔子説「四海之內，皆兄弟也」，但是有兩個前提：要敬，要恭。四海之內的都是他人，如果我行善，我與他人就有了適當的關係。

譬如，我們對父母要孝，對君主要忠，對朋友要信，對兄弟姐妹要悌……對不同的關係相應有不同的要求。孟子喜歡講孝悌忠信，這四者都是自己和別人適當關係的實現。

孝順是一種善，但是善不等於孝順；守信用是一種善，但是善不等於守信用。但是儒家講善，從未脱離人與人之間的關係。

漂到荒島的魯濱遜是好人嗎？荒島上只有他一個人，如何談善呢？有人說，他給鴿子包紮傷口，對鴿子都這麼好，當然是好人了。如果第二天他肚子餓了，把鴿子吃掉了，可以說他是壞人嗎？一個人在荒島上，只存在一個問題，即他是活人還是死人的問題，而不存在善與惡的問題。

儒家的善是存在於人與人之間的。隨之而來兩個問題：人與動物之間呢？人與鬼神之間呢？如果一個人收養了很多流浪狗，卻完全不顧及鄰居對狗的叫聲、臭味的抱怨，你贊成他是「善人」嗎？如果這個人不能和人相處好，而和動物特別好，恐怕就陷入了一種特別的執著吧。

儒家的「學」有三個特色。**第一個特色，以孔子來說，學的內容是五經和六藝，代表傳統智慧與能力的結晶**。人活在傳統之中，不承接傳統就無法教育下一代。孔子講「溫故而知新，可以為師矣」（〈為政第二〉），他說，複習古代的材料而有新的理解，只有這樣才能當老師。一方面要學會傳統的東西，一方面要有新的理解應用於生活，因為時代與環境是不斷變化的。

學習《論語》，我們要判斷某句話說得對不對，首先看書中有沒有其他對照，會不會相互矛盾；其次，經典說得再對，必須和今天的經驗配合。經典是古代的，與我們有兩千多年的間隔，我們必須在現實生活中體驗，並且有所應用。

第二個特色，學與思配合。孔子說：「學而不思則罔，思而不學則殆。」只是學習而不思考，就會惘然，白費力氣；只是思考而不去學習，就會陷入困境。孔子又說，我曾經整天不吃飯，整夜不睡覺，專心去思考，其實不如去學習。

子曰：「吾嘗終日不食，終夜不寢，以思，無益，不如學也。」

——〈衛靈公第十五〉

因為再怎麼思考，也只是依據自己非常有限的生活經驗。譬如，念大學而不讀書，每天想來想去也不過是校園裡的事，太局限了。一旦讀書，馬上就擴大了自己的眼界。

第三個特色，學與德行配合。在《論語》裡孔子只稱讚過一個學生好學，那就是顏淵，因為他「不遷怒，不貳過」。一個人不遷怒還容易做到，同樣的錯誤不犯第二次，實在是太難了。

孔子的「學」有以上三個特色，就不是一般的上課讀書了，而是可以改變自己的生命。「學」與「習」配合，並且是在適當的時候練習，這樣就會愉悅，因爲感覺到自己在不斷成長。

我們佩服孔子，因爲他「十有五而志於學，三十而立，四十而不惑，五十而知天命，六十而〈耳〉順，七十而從心所欲不逾矩」，生命境界總是向上的。一般人呢，大學畢業後每天過得差不多，一輩子重複而乏味。孔子學不厭、教不倦，從來不覺得應該停下來——天行健，君子以自強不息！

2. 四個層次

有子曰：「其為人也孝弟，而好犯上者，鮮矣。不好犯上，而好作亂者，未之有也。君子務本，本立而道生。孝弟也者，其為仁之本與？」

有子說：「一個人能做到孝順父母和尊敬兄長，卻喜歡冒犯上司的，那是很少有的；不喜歡冒犯上司，卻喜歡造反作亂的，那是不曾有過的。君子要在根基上好好努力，根基穩固了，人生正道隨之展開。孝順父母和尊敬兄長，就是一個人做人的根基啊！」

讀《論語》要注意它的四個層次。第一，**最重要的是孔子自己說的話**。第二，**是孔子與他第一流弟子的對話**。孔子這個老師對學生是遇強則強，遇弱則弱，因為他懂得因材施教。學生如果很差勁，孔子的回答通常沒有太多精采之處，他甚至懶得多講，而對於好學生的問題，他會特別注意。**第三個層次，是他和比較差的學生的對話**。可以參見〈先進第十一〉，孔子門下，分四科十哲：「德行：顏淵、閔子騫、冉伯牛、仲弓；言語：宰我、子貢；政事：冉有、季路；文學：子游、子夏。」

很多人都以為孔子的學生木訥，其實也有口才好的，比如言語科的兩個就很突出。孔子第一流的學生最多到言語科為止，只有六個人，還有少數幾人不在十哲，如曾參的父親曾點。冉有以下算第二流的。不要以為孔子的學生都很了不起，真正了不起的只有一個顏淵，還不幸短命死掉了。

韓非子批評說，孔子過世後儒家分為八派，分崩離析，這些人都是「賤儒」。為什麼現在說孔子之後的承接者是孟子？要知道孟子比孔子晚了一百多年。這是因爲中間的學生不成材，或者是沒有著作。

墨家也質疑孔子，說孔子的弟子不像話，看到有人死了，就說吃飯的機會來了。孔子在沒做官之前，主要職業是爲人辦喪事。他二十歲左右做過小吏，管過倉庫、牧場，到五十一歲才做官。在這之間孔子就靠爲人辦喪事來維持生活。孔子不少弟子也學會了，他們辦喪事時可以收取費用，所以受到墨家責罵。

古代一個人從死亡到埋進墳墓，需要經過多少手續呢？五十多道！手續太多，普通人弄不懂，就找孔子這樣的專家，他會按禮的規定依次來做。貴族、大夫之家尤其需要孔子這樣的人。

《論語》中多處對此有所涉及。「子食於有喪者之側，未嘗飽也。」老師在辦喪事的人家裏從未吃飽過。「子曰：出則事公卿，入則事父兄，喪事不敢不勉，不爲酒困，何有於我哉？」（〈子罕第九〉）「喪事不敢不勉」，每天出出入入，爲什麼孔子突然提到喪事？因爲這是他的工作。「不爲酒困」，是說他喝酒不喝醉。「何有於我哉？」這些事情我做到了多少？孔子這樣提醒自己。另外還有一句話：「子於是日哭，則不歌。」孔子的感情很眞摯，情緒是有連續性的，只要在一天中哭過，他就不再唱歌。這從側面說明孔子是常常哭的，因爲他每次辦完喪事，看見孝子賢孫哭得傷心，自己也受感動。

《論語》的最後一個層次，是孔子學生的講話。譬如，〈學而第一〉中的「有子曰」（頁31）與「曾子曰」（頁35）。因爲是有子和曾子的弟子編的《論語》，這兩章就排在前面。有子和曾子都不是孔子最出色的弟子，他們的話不必多看，沒有太多深意，有時反而容易造成混淆。譬如，有若說：「孝弟也者，其爲仁之本與？」孝悌怎麼會是仁的根本呢？仁包含孝悌，但孝悌不等於仁。

3. 修身之道

子曰：「巧言令色，鮮矣仁！」

孔子說：「說話美妙動聽，表情討好熱絡；這種人是很少有眞誠心意的！」

如果不了解「仁」代表眞誠，就根本不知道孔子在說什麼。巧言令色，這裡是指爲人不夠眞誠。人只有眞誠才有力量。力量由外而來，代表禮樂；力量由內而來，代表向善。

「鮮矣仁」，不是說沒有仁，而是說很少。一個人剛毅木訥未必好，而一個人巧言令色，必須眞誠才好。如果這個巧言令色的人有了眞誠，就可以成爲少數中的一個了。

曾子曰：「吾日三省吾身：為人謀而不忠乎？與朋友交而不信乎？傳不習乎？」

曾子說：「我每天好幾次這樣省察自己，爲別人辦事，沒有盡心盡力嗎？與朋友來往，沒有信守承諾嗎？傳授學生道理，沒有印證練習嗎？」

「三」，在古代一般指多次，而不只是提到的三件事。「傳不習乎」，有人解釋爲：老師傳授的學業有沒有複習？這是不對的，它其實是講：我現在教學生的，有沒有自己去實踐呢？注意《論語》裡某些字的細微差別，比如：「學」代表學習，「習」代表實踐，「言」代表發表意見，「語」代表與人討論。

從邏輯上分析，曾子講的前兩件事都是指現在的事，那麼「傳不習」也應該指現在。曾參比孔子小四十六歲，當曾子爲人謀、與朋友交時，孔子早已過世，了。

曾參是孔子不錯的學生，後來也成爲有名的老師。但是他最初也不能夠理解孔子，譬如，孔子說「吾道一以貫之」，他也聽不懂。〈憲問第十四〉中，「子曰：『莫我知也夫！』」孔子的三千弟子都沒有了解他，讓人感到遺憾。所以，不要盲目崇拜所有的古人，不過我們詳細考察之後可以崇拜孔子。

子曰：「朝聞道，夕死可矣。」

——〈里仁第四〉

孔子這句話也是受到很多人誤解。有人解釋說：早晨聽懂了道理，晚上就可以去死。這就不對。其實孔子這句話是一種宗教的語言。人做過多少善事是量的問題，更重要的是他有沒有轉到正確的方向。如果轉到正確的方向，究竟做了幾件善事變得不太重要。一個人做了很多善事，別人可能會做更多的惡事，這樣無法考量成效。而宗教境界是一種覺悟，是質的問題。

這句話應該翻譯爲：「早上覺悟了道，晚上就死也無妨。」這是一種宗教情操啊！

在《聖經》中記載，耶穌被釘到十字架上時，羅馬人在他旁邊放了兩個強盜，表示耶穌這個思想犯是最惡劣的，藉此羞辱他，也等於警告人們：寧可打家劫舍，也不要吸引他人聽從自己的學說。左邊的強盜對耶穌說，你不是上帝的兒子嗎？這時候怎麼不顯神蹟來拯救我們呢？右邊的強盜說，我們兩個一輩子殺人放火，今日如此是應該的，但我從未聽說耶穌做過什麼壞事，他一定是被冤枉的。他又對耶穌說，如果你眞的是神，請你記得我。耶穌對他說，今晚你就會升天堂。右邊的強盜一輩子沒做好事，但是最後覺悟了，照樣可以升天堂，這就是宗教境界。佛教經典裡也說：「放下屠刀，立地成佛。」一個人放下屠刀後並沒有時間做好事，但是只要他覺悟了，生命隨之轉向光明。

子曰：「弟子，入則孝，出則悌，謹而信，泛愛眾，而親仁；行有餘力，則以學文。」

孔子說：「青少年在家要孝順父母，出外要敬重兄長，行為謹愼而說話信實，普遍關懷別人並且親近有善行的人。認眞做好這些事，再去努力學習書本上的知識。」

「行有餘力」，是講做事要有本末先後的考慮，一個人不可能所有的時間都用於孝、悌等。而且光學習是不夠的，還要實踐。

子夏曰：「賢賢易色；事父母，能竭其力；事君，能致其身；與朋友交，言而有信。雖曰未學，吾必謂之學矣。」

子夏說：「對待妻子，重視品德而輕忽容貌；侍奉父母，能夠盡心竭力；爲君上服務，能夠奮不顧身；與朋友交往，答應的事就守信用。這樣的人，即使他說自己沒有學習過，我也一定說他是學習過了。」

「賢賢易色」，有人說是重視實際的德行，輕忽表面的姿態。其實不對。「賢賢易色」，講的是如何對待妻子的問題。這句話還提到了父母、君、朋友，五倫裡就提到了四倫。賢賢易色，是指對待妻子應該重視品德，輕忽容貌。《中庸》中提到，君子之道從夫婦開始。《易經》也講，沒有夫婦之倫，怎麼會有父子，以及君臣、朋友？人的世界是從夫婦開始的。

子游曰：「子夏之門人小子，當灑掃應對進退，則可矣，抑末也。本之則無，如之何？」子夏聞之，曰：「噫！言游過矣！君子之道，孰先傳焉？孰後倦焉？譬諸草木，區以別矣。君子之道，焉可誣也？有始有卒者，其惟聖人乎！」

——〈子張第十九〉

子游說：「子夏的學生們，那些年輕人對灑水、掃地、接待賓客、進退禮儀方面的事，還可以勝任，不過這些只是末節而已。做人的根本道理卻沒有學會，怎麼可以呢？」子夏聽了，說：「唉！言游錯了！君子所應學習的道理，哪一樣要先傳授，哪一樣要最後講述呢？如果以認識草木作爲比喻，就是要先區分各種各類。對於君子所應學習的道理，怎麼可以妄加批評呢？在教導時能夠有始有終全面兼顧的，大概就是聖人啊！」

朱熹注解道：「子游譏子夏弟子，於威儀容節之間則可矣。然此小學之末耳，推其本，如《大學》『正心』『誠意』之事，則無有。」由這一段話可見，子夏和他的門人格局比較小，那麼在前述（頁38）「子夏曰」那段話中，他怎麼會想到重視實際的德行，輕忽表面的姿態呢？

子夏之門人問交於子張。子張曰：「子夏云何？」對曰：「子夏曰：『可者與之，其不可者拒之。』」子張曰：「異乎吾所聞：君子尊賢而容眾，嘉善而矜不能。我之大賢與，於人何所不容？我之不賢與，人將拒我，如之何其拒人也？」

——〈子張第十九〉

子夏的學生問子張，怎麼去交朋友。子張問他：「子夏說了些什麼？」答道：「子夏說，可以交的去結交他，不可以交的拒絕他。」子張說：「我所聽到的和這不一樣：君子尊敬賢人，也接納普通人；鼓勵好人，也同情未能行善的人。我是非常好的人嗎？對什麼人不能接納呢？我是壞人嗎？別人會拒絕我，我怎能拒絕別人呢？」

這一段話同樣說明子夏的格局比較小。子張說得很好，但是他也有自己的毛病，他年齡很小，比孔子小四十八歲，而子夏比孔子小四十四歲。

子曰：「君子不重則不威；學則不固。主忠信。無友不如己者。過則勿憚改。」

孔子說：「君子言行不莊重就沒有威嚴，多方學習就不會流於固陋。以忠信爲做人處世的原則，不與志趣不相近的人交往。有了過錯，不怕去改正。」

「無友不如己者」，是說「不要交不如自己的朋友」嗎？如果只交比自己好的朋友，難道對方沒有聽過這句話嗎？聽過的話，他還會和你結交嗎？

其實「如」字有兩個意思，一是「比得上」，二是「像」。這裡是指後者。不要交不像自己的朋友，朋友應該是志趣相近的。以忠信爲交友原則，但志趣不相近也無法走到一起。

子曰：「父在，觀其志；父沒，觀其行；三年無改於父之道，可謂孝矣。」

孔子說：「觀察一個人，當他父親活著的時候看他的志向，當他父親過世之後看他的行為。如果對父親合理的行為，他能三年之久不加以改變，就可以稱得上孝順了。」

「父之道」，這裡指父親的行事作風，並不牽涉善惡問題。如果父親做得不對，應該立刻改；如果父親做得對，子女承繼父親的行事作風，理應堅持三年之久。

譬如，父親喜歡為孤兒院捐錢，孤兒院長期受捐助就會努力開辦，我繼承父親家業之後，三年內繼續為孤兒院捐錢。不過三年之後可能有變化，因為我也有自己的作風和考慮，我也許更想捐錢給養老院。我的兒子，也許將來又喜歡捐給其他機構。如果一直按照父親的作風來做事，子女的個人選擇就失去價值了。這種做法很合乎古代生活的情況。

有子曰：「信近於義，言可復也。恭近於禮，遠恥辱也。因不失其親，亦可宗也。」

有子說：「與人的約言，盡量合乎道義，說話才能實踐。謙恭待人，盡量合乎禮儀，就會避開恥辱。施恩於人，而不失去原有的愛心，也就值得尊敬了。」

在最後一句中，「因」與「恩」在古代可相通，「親」就是愛。前兩句講的是人與人之間的關係，最後一句應該也是。

子曰：「君子食無求飽，居無求安，敏於事而慎於言，就有道而正焉，可謂好學也已。」

孔子說：「一個君子，飲食不求滿足，居住不求安適，辦事勤快而說話謹慎，主動向志行高尚的人請求教導指正。這樣可以稱得上是好學的人了。」

「好學」指的就是這些，與德行有關。人必須有志向，這時對於生活的質量就不會太在意。

子貢曰：「貧而無諂，富而無驕，何如？」子曰：「可也；未若貧而樂道，富而好禮者也。」子貢曰：「詩云：『如切如磋，如琢如磨』，其斯之謂與？」

子曰：「賜也，始可與言《詩》已矣，告諸往而知來者。」

子貢說：「貧窮而不諂媚，富有而不驕傲，這樣的表現如何？」孔子說：「還可以。但是比不上貧窮而樂於行道，富有而崇尚禮儀的人。」子貢說：「《詩經》上說：『就像修整骨角與玉石，要不斷切磋琢磨，精益求精。』這就是您所說的意思吧？」孔子說：「賜啊，現在可以與你討論《詩經》了，告訴你一件，你能夠有所發揮，舉一反三了。」

「貧而樂道」，有的版本作「貧而樂」，是說不通的。有道可樂，才不會在乎貧。沒有道或者人生理想，能「樂」什麼？《莊子．讓王》裡有一個關於顏淵的故事。顏淵說，我家裡還有幾畝地，可以吃上稀飯；院子裡還有一點空地，可以種桑樹，將來織衣服穿；我還有老師的道，可以樂道。所以我不用做官。莊子還說，「窮亦樂，通亦樂，所樂非窮通」，所樂爲道。

「貧而無諂，富而無驕」是消極的表達，而「貧而樂道，富而好禮」是積極的表達，更進了一步。

《論語》裡講志向，志於學，志於道，志於仁。所學的就是道和仁。道和仁是什麼關係？道是人類的正路，仁是個人的正路。

人與萬物之間有什麼差別呢？參考西方哲學的思考，一個概念是實然（to be），另一個是應然（ought to be）。人之外的萬物是實然，服從客觀規則。而人的路是應然，應然表示選擇，人生的路就是選擇出來的。譬如，選擇覺悟，「朝聞道，夕死可矣。」

仁，離不開個人選擇。「仁遠乎哉？我欲仁，斯仁至矣。」譬如，見到父母要講孝順，見到朋友要講信用。我要仁，仁就可以實現。

4. 為民愛人

子曰：「道千乘之國，敬事而信，節用而愛人，使民以時。」

孔子說：「治理諸侯之國，要盡忠職守與令出必行，節省支出而愛護眾人，選擇適當的時候徵用百姓服勞役。」

「千乘之國」指諸侯之國，而天子是萬乘之君；「民」即百姓，「人」是眾人。「時」指適當的時候，農業社會最怕耽擱農時。這些話對為政者的啟發最大。

曾子曰：「慎終，追遠，民德歸厚矣。」

曾子說：「喪禮能慎重，祭祀能虔誠，社會風氣就會趨於淳厚了。」德，這裡不是指道德，而是指社會風氣。一個人一想到祖先，就會收斂、謹慎，否則這個人只會注重當下的利害。我們最怕一個人完全不顧念祖先。

子曰：「不患人之不己知，患不知人也。」

孔子說：「不擔心別人不了解我，只擔心我不了解別人。」譬如，一個人當了領導，如果不知人，就錯過人才了。

子禽問於子貢曰：「夫子至於是邦也，必聞其政，求之與？抑與之與？」子貢曰：「夫子溫、良、恭、儉、讓以得之。夫子之求之也，其諸異乎人之求之與？」

子禽問子貢：「老師一到某個國家，必然聽到那個國家的政事，他是求來的呢，還是別人主動告訴他的呢？」子貢說：「老師是靠溫和、善良、恭敬、自制、謙遜來取得的。他老人家獲得的方法，和別人獲得的方法不一樣吧？」

子貢是口才非常好的學生，很聰明。孔子的三大弟子就是顏淵、子路、子貢。不過，真正讓人驚訝的是曾參的父親曾點和另一個學生宰我，孔子遇強則強，遇弱則弱，這兩個人使孔子的強項表現出來了。尤其是宰我，使孔子表現出了自己的整個人性論，可以參考〈先進第十一〉與〈陽貨第十七〉其中兩章（附錄〔1〕）。

卷三

為政第二

在儒家的理想中，從政並不一定要當官，只做官而家事沒處理好，是不行的。在家裡做到孝和悌，慢慢推廣到鄰里鄉黨，天下自然大治。

1. 為政以德

子曰：「為政以德，譬如北辰，居其所而眾星共之。」

孔子說，以德行治理國家，就像北極星安坐在它的位置上，其他星辰環繞著它一樣，大家自然會集中在你身邊。還有後面會提到的「德不孤，必有鄰」，都是因爲人性向善。

子曰：「無為而治者其舜也與？夫何為哉？恭己正南面而已矣。」

——〈衛靈公第十五〉

孔子說：「無所事事而治好天下的人，大概就是舜吧！他做了什麼呢？只是以端莊恭敬的態度坐在朝廷上罷了。」

這是儒家的無爲，不同於道家的無爲。後者根本不需要「爲政以德」，其無爲導致百姓的無知無欲；前者以人性向善爲基礎，需要德行。爲什麼說儒家認爲人性向善而不是本善？如果人性本善，就根本不需要「爲政」了。有日本學者說，眞正主張人性本善的是道家，因爲道家反對教化，只要保持本性就好。

人性向善的意思是：人是唯一有可能不眞誠的生物，一個人如果不眞誠，就不是以人的身分與其他人來往；如果眞誠，就會發現內心有一種力量，要求自己做該做的事。「向」代表力量，來源於眞誠。《孟子》和《中庸》講眞誠講得最多，也從側面說明了人有可能不眞誠，所以需要強調眞誠。

子曰：「道之以政，齊之以刑，民免而無恥；道之以德，齊之以禮，有恥且格。」

孔子說：「以政令來教導，以刑罰來管束，百姓免於罪過但是不知羞恥。以德行來教化，以禮制來約束，百姓知道羞恥還能走上正道。」

「格」者正也，就是走上正道。前半句的情況現在也常見，有人缺乏羞恥心啊！一般人活在世上，「有怨而無恥」；孔子希望人們變得「無怨而有恥」。要明白任何事情都是有原因的，所以不要抱怨。

2. 善與真誠

子曰：「《詩》三百，一言以蔽之，曰：『思無邪。』」

有人解釋道：《詩經》的思想是無邪的。這就有疑問了，《詩經》是談思想的嗎？另外，思想的主體是不是人？能保證作者思想無邪嗎？能保證編者思想無邪嗎？能保證讀者思想無邪嗎？

「思無邪」出自《魯頌．駉》，是描寫馬的。「思」是句首或句尾助詞，無含義；「無邪」表示馬快跑時不能隨意轉彎傾斜，要直著走，否則就要跌倒。這是代表文學中對「眞誠」的描寫。《詩經》之所以感人，就在於它的眞誠，不矯揉造作，不堆砌文辭。所以「思無邪」的意思是：一切出自眞誠。

子曰：「小子何莫學夫詩？詩可以興，可以觀，可以群，可以怨。邇之事父，遠之事君；多識於鳥獸草木之名。」

——〈陽貨第十七〉

孔子說：「同學們爲什麼不學詩呢？學詩時，可以引發眞誠心意，可以觀察個人志節，可以感通大衆情感，可以紓解委屈怨恨。學了詩，以近的來說，懂得如何侍奉父母；以遠的來說，懂得如何侍奉君主。此外，還能廣泛認識草木鳥獸的名稱。」

興、觀、群、怨，與思想無關，與情感有關。只有閱讀蘊涵眞誠情感的詩，才會引發眞誠的情感。

・思辨與問答

【學　生】怎麼理解「真誠」？

【傅佩榮】《易傳》中提到：「閑邪存其誠，修辭立其誠。」「閑」，是防備避開的意思。真誠與邪惡勢不兩立，絕不會向罪惡妥協，所以沒有人會很真誠地做壞事。根源就在於人性向善。真誠不僅在內心，還表現在外部的修飾言辭，不能言過其實，更不能言不由衷，而要通過語言表達內心真誠。這是一種修練。

但真正的修練是「慎獨」。《中庸》談真誠談得很多，並且在十六章首次出現

「誠」字時，還與鬼神相關。有了鬼神之無所不知，人就無法逃避道德的要求。

【學　生】我有兩個問題。第一，「善」被您定義為人與人之間適當關係的實現，可是「適當」也是模糊的概念。第二，「無友不如己者」，意思是交朋友要志趣相投，其實，沒有共同志趣怎麼會成為朋友呢？豈不是在講一個太過淺顯的道理？

【傅佩榮】你的第一個問題是，如何判斷「適當」與否。有三點原則：第一，內心感受要真誠；第二，對方期許要溝通；第三，社會規範要遵守。這三點發生衝突時，以真誠為主。至於你的第二個問題，「無友不如己者」之前還有一句，「主忠信」，講的意思是：交朋友要真誠，道不同，不相為謀。

【學　生】您提到「道不同，不相為謀」，與「君子和而不同」有什麼關係嗎？

【傅佩榮】君子和而不同，「和」是指古代演奏音樂，不同樂器發出的聲音不同，但是可以協調；「同」是指只有一種聲音。「道不同，不相為謀」，是指每個人的生命理想不同。

【學　生】關於「人性本善」和「人性向善」，「向善」說明為善只是人的一種可能性，而「本善」的觀點同樣認為人未必一定為善啊，到底有什麼區別呢？

【傅佩榮】人性向善，指為善的關鍵在於真誠，這是可以由人選擇的。人不真誠的時候，只是生物之一種；真誠的時候，就不會計較利害，明白人與人之間應該如何相處。

【學　生】真誠是人的一種選擇，還是人的本質？

【傅佩榮】這個問題很好！西方哲學要我們避免自然主義的謬誤，即不要把人與生俱來的本性與道德價值混在一起。所以西方哲學認為，「人性本善」講不通。就像人有原罪的觀點，屬於宗教範疇。

宇宙萬物中，只有人有善惡的問題，其他動物的行為都出於本能。因此，人性與善或惡必定有本質上的聯繫。「本善」不能解釋人為什麼做壞事，「本惡」不能解釋人為什麼行善，所以只有向善或向惡的可能。需要考慮的是一個人是否心安，忍與不忍。這無法進行邏輯論證，但可以用語言一步步描述出來。

討論人性「向善」與「向惡」，設想兩種心理：第一種，今天沒有去殺人放火，心裡很不安啊；第二種，今天沒有孝敬父母，心裡很不安啊。哪一種是正常的？當然是後者。前者的心理已經扭曲了，不屬於正常現象，而哲學討論的是普遍現象。

再討論「向」字。人生下來就具備的叫人性，善惡是後天的抉擇，兩者怎麼可以疊加在一起呢？小孩子有善嗎？小孩子只有生物本能，長到一定年齡才會做選擇。所以，人性不是固定的東西，而是一種力量，在適當的時候，即真誠的時候表現出來。「向」字就代表力量。

孟子講得很清楚，並舉了例子：水向下流，火向上燒，野獸奔向曠野。西方的效益主義無法解釋「殺身成仁」，而儒家的「人性向善」可以解釋。

3. 孔子言孝

《論語》直接講孝順的只有八章，接下來要談論出自〈爲政第二〉的四個篇章，其餘可參考附錄〈2〉。了解這八章內容，就知道孔子對孝順的看法。

孟懿子問孝。子曰：「無違。」樊遲御，子告之曰：「孟孫問孝於我，我對曰，無違。」樊遲曰：「何謂也？」子曰：「生，事之以禮；死，葬之以禮，祭之以禮。」

孟懿子是魯國孟氏的世襲大夫，名叫仲孫何忌，仲孫即孟孫。他奉父親孟僖子之命，向孔子學禮，請教什麼是孝。孔子說：「不要違背禮制。」孔子要「對曰」，因爲下對上叫做「對」。不管對方年齡多小，只要有官位，而孔子的位置沒他高，就用「對曰」，表示尊重他的地位。

後來樊遲來了，他就是三次請教孔子「什麼是仁」的學生，三次得到的答案都不一樣。這個學生很老實。當然有時候說老實，也包括笨在內，因爲笨的人比較老實，這是一種正常情況。最怕的是笨人還奸詐，現實中有這種人，孔子也提到過。

樊遲爲孔子駕車時，孔子對他說：「孟孫問我什麼是孝，我回答他：『不要違背禮制。』」樊遲立刻問：「這是什麼意思呢？」注意，孔子與學生說話，經常希望學生問「何謂也」，樊遲這個學生有一個好處，他知道自己是個笨人，就老老實實地問「何謂也」。

孔子說：「父母活著的時候，依禮的規定來侍奉他們；父母過世後，依禮的規定來安葬他們，依禮的規定來祭祀他們。」

爲什麼孔子特別講到禮呢？古代有個觀念：「禮不下庶人，刑不上大夫。」意思是，講禮不要跟老百姓講，因爲老百姓沒有受過這種教育，不知道禮數是怎麼回事；刑法不要針對大夫，因爲剝奪他的官位，就已經讓他一輩子丟臉，就會知恥了。當然，任何人犯法其實都應該受罰的。

因此，孔子強調針對貴族子弟，要求他們特別守禮。還有一句話是「富而好禮」，也說明禮節和窮人沒太多關係。孝順就要做到不違背禮儀，因爲貴族子弟應該富而好禮，什麼都由禮來規定，這叫做人文之美。

對儒家來說，「禮」這個字具有神聖性。一位美國的心理學家芬加勒特（Fingarette）寫了一本書《儒家學說：作爲宗教的世俗學說》（*Confucius: The Secular as Sacred*），secular是俗，sacred是聖，意思是，孔子是以俗爲聖的，將世俗平凡的生命轉化爲神聖的生命。書裡主要講的就是禮，the rites或者the ritual。芬加勒特從心理學的角度研究孔子的「禮」，寫下了這本書，獲得了三十年的盛名。

一般人研究儒家很僵化，總是謹守朱熹的某些注解，說實在的，某些觀點即使連篇累牘，也沒有什麼啟發性。學習需要有新的眼光，不然就需要以新的方法來研究。

芬加勒特很厲害，他懂一點中文，但是主要依靠英文來研究孔子，後來他有了自己的領悟，認爲孔子是用「禮」來讓生命變得神聖的。人本來很粗俗，就是動物之一種，肚子餓了就知道拚命吃東西，不懂得爲什麼要讓給別人。孔子強調禮儀，就是要使人變成神聖的生命。只有人才有這種可能性，所以這叫做人文之美。

孔子認爲，禮不是簡單的事。有錢人、地位高的人要有禮貌，有禮儀，有禮節，顯示生命的優雅姿態，這是令人讚嘆的。但是這些對於貧窮的人就比較困難，他們沒辦法張羅各種禮儀所要求的裝潢和擺設。禮儀是需要花錢的，所以只能說「富而好禮」。

這就是第一種孝順，針對貴族子弟。孔子要求他們按照規矩來，不應該表現得財大氣粗，更不能有錢就什麼事都做。

第二種孝順，看孟懿子的兒子孟武伯。

孟武伯問孝。子曰：「父母唯其疾之憂。」

孟武伯請教什麼是孝，孔子說：「孝順就是讓父母只爲子女的疾病憂愁。」如果覺得這種翻譯有點奇怪，可以對照其他人的翻譯。

・思辨與問答

【學　生】父母對於子女，只為他們的疾病擔憂。

【傅佩榮】這種翻譯還不錯。很多人翻譯為，子女只為父母的疾病擔憂。這就錯了。

孟武伯是貴族子弟，貴族子弟最容易吃喝玩樂，不好好念書，在社會上胡鬧，讓父母擔心。所以孔子對他說，讓父母只為你的生病憂愁，這樣就是孝順了。對於我們大家也一樣。如果父母只是擔心，哎呀，天氣冷了，你可別感冒啊！這說明你就算是孝順了，因為有時候生病是無奈的事。父母如果另外還問，你有沒有好好念書，有沒有好好交朋友，有沒有不聽話？這說明你不孝順了。

【學　生】傅老師，前面講到「子曰：父母唯其疾之憂」，假如讓父母什麼都不擔心，豈不更好嗎？孔子這樣對他說，是不是因為孟武伯的身體太差了？

【傅佩榮】也有可能。孔子講「父母唯其疾之憂」，是針對貴族子弟。紈袴子弟容易惹是生非，所以孔子說讓父母只為你的疾病憂愁，就是孝順了。如果孔子說讓父母什麼事都不用操心，反而太抽象了。講話的目的，是讓別人了解重點所在。

子游問孝，子曰：「今之孝者，是謂能養。至於犬馬，皆能有養；不敬，何以別乎？」

【傅佩榮】大家來看，怎樣翻譯比較好？

【學　生】子游問什麼是孝。孔子說：「如今所謂的孝，只是就能夠養活父母而言。那麼像狗和馬這些動物，都能被人飼養；如果對父母沒有恭順的心意，怎麼來區別孝順與飼養呢？」

【傅佩榮】對犬馬這樣的動物，我們可以講飼養。如果把養父母與養犬馬進行對照，這樣合理嗎？

我的翻譯是：孔子說，現在所謂的孝，指能夠侍奉父母，但是狗與馬也能服侍人，如果沒有尊敬，又怎樣分辨這二者呢？

細讀原文。「至於犬馬，皆能有養」，指犬馬也能有所養於人。古代的慣例是犬馬並列，一向被認為可以對人有所服務：犬替人看門，馬替人拉車。《孟子》裡有一段話：「君之視臣如犬馬，則臣視君如國人。」如果國君把大臣當作犬馬來利用，大臣就把國君當作路人看待，只是拿錢辦事而已。現在我們也說，你對我這麼好，有機會我要效犬馬之勞。講犬馬，就是特指為人服務的。

第一種翻譯，把奉養父母與飼養犬馬對比；第二種翻譯，把自己奉養父母，與犬馬為人服務對比。很明顯應該取第二種。如果把父母與犬馬對比，還講什麼孝順呢？本身就非常不孝了。

【學　生】可不可以這樣翻譯：犬馬這樣的動物也有養育之情，大犬馬對小犬馬有養育之情，小犬馬就懂得對大犬馬反哺，作為一個人又該如何呢？

【傅佩榮】問題在於：動物會反哺嗎？不會的。人們讀有關孝順的古代故事，看到羊羔跪乳、烏鴉反哺的例子。其實羊羔為什麼跪乳？因為牠不跪下來就吃不到奶。烏鴉為什麼反哺？因為小烏鴉不反哺，老烏鴉就不教最後一招。這不能當成一種孝順。難道羊羔和烏鴉特別孝順，別的動物都不孝順嗎？這種說法，羊羔和烏鴉也受不起。

我們不應該把人類的道德觀念投射到任何動物身上，因為仁義道德需要以自由選擇為前提。動物世界只有一個原則：本能決定一切。

試問：動物會自殺嗎？譬如，有人說鯨魚會自殺，有時候人們把鯨魚推回水裡，牠還要上岸自殺。其實這不是真相。古人很聰明，有一句話說得好：彗星見，鯨魚死。因為鯨魚靠本能判斷水域，彗星一出現地球磁場就被干擾，鯨魚受到影響，就游到岸上來死掉了。干擾消失以後，還沒有死掉的鯨魚就又回到海裡了。這裡不存在自殺的問題。

自殺需要兩個前提：第一，要有自我意識，知道我和別人不一樣，否則就不存在自己殺自己的問題；第二，要有自由意志，自由選擇要不要死。

說到動物世界的集體自殺，「集體」二字就表明牠們不是自殺。如果一群老鼠游到海裡去，有一隻老鼠不游，說明這隻老鼠很特別，恐怕是有人作了偽裝的。自殺行為不是簡單的事，所謂行為一定有預設，行為主體要具備那兩個前提。

總之，只有人類才有可能自殺，因為只有人類才有自我意識。到目前為止，不能證明任何其他生物有自我意識。

有人說，狗對主人忠誠。請問：壞人養的狗，是不是對壞人也很忠誠？狗能夠選擇不忠誠嗎？有人說，這條狗真好，主人死了，別人餵牠什麼都不吃。這只是因為牠小時候受過主人的專門訓練，只要吃別人餵的東西，就會挨主人的打。因為主人要保護牠，怕外人給牠有毒的食物。主人死了之後，狗不吃別人的食物，但是牠並不知道自己會餓死，等牠衰弱到將死的臨界點，牠已經沒有力氣避免死亡了。沒有任何一種動物能夠決定要不要死，或者如何死。

再如，一隻大雁從空中掉下來，另一隻大雁跟著也掉下來，有人說這是殉情。「問世間情為何物，直教生死相許」，這句詩就這麼來的。可是，跟著伙伴掉下來的大雁，知道自己在自殺嗎？牠只是感覺一直與那隻大雁作伴，現在剩下自己一個，不知道該怎麼飛，失去了飛翔的樂趣。牠一旦落下被抓，或者衰弱到將死，就來不及回頭了。人類的判斷卻是：看啊，大雁都會殉情啊，人為什麼那麼絕情！

任何一種仁義道德，都要牽涉自由選擇，只有人類才有這種可能性。其他動物看似有所選擇，其實是表面現象。

又如，有的寵物狗和寵物貓要看心理醫生，因為被人養壞了！有人一到冬天就為寵物狗做衣服，這條狗將來一定需要看心理醫生，因為當主人帶牠上街時，牠看到別的狗不穿衣服自己卻穿衣服，就不能適應了。

動物本身沒有問題，難題都是受人類干擾才產生的。當人類介入動物世界時，牠們的生態循環、食物鏈就遭到破壞，發生很多狀況。如果人類再將自己的主觀願望投射在動物身上，動物世界就分崩離析了。

總之，動物界無所謂仁義道德，犬馬也不會尊敬主人。你家的狗為你看門，是因為牠尊敬你嗎？不是，牠是看到你有「寶路」狗糧。你家的狗看到你，尾巴都快搖斷了，是因為喜歡你嗎？不是，牠是喜歡你手裡的食物。俄國的巴甫洛夫做過實驗，他一敲鈴就開始給狗食物，後來就算沒有食物，只要一敲鈴，狗就流口水，這是動物本能的條件反射。

《論語》中這段話的意思很清楚了：子女可以奉養父母，犬馬也能服務於人，如果子女對父母不尊敬，跟犬馬服務於人不是一樣嗎？

【學　生】在地震的時候，有位老太太被埋在廢墟裡，旁邊有條狗一直用嘴去舔老太太的嘴唇，以保持濕潤，因此老太太得救了。這條狗和這位老太太也不熟，對這種情況該怎麼解釋呢？

【傅佩榮】問得好。當一條狗看到有人昏迷，出於本能會有這種動作，沒有什麼特別。

【學　生】這條狗一直都沒有離開老太太，也沒有離開廢墟。

【傅佩榮】這種情況在歐洲更多。雪山發生雪崩的時候，狗會救人，那是訓練出來的。狗確實有這種本能。老子說過：「故常無欲，以觀其妙，常有欲，以觀其徼。」注意斷句，裡面就有「無欲」和「有欲」的概念。

有一次我看Discovery Channel（探索頻道），講述一個人被殺害了，屍體被丟到海裡去了。人們乘船在海面上來回搜尋，他們相信屍體在水下二十米深處，就帶了一條狗來聞海水的味道。想想看，狗隔著那麼深的海水能聞到氣味，是很神祕的事。動物的很多情況還不為人類了解。

但是，對動物沒有自由選擇的可能性這一點，不必懷疑，否則，從古至今的歷史不會如此書寫。蜘蛛織的蛛網多麼精美，最聰明的猩猩會用木棒去挖螞蟻，與人類不同的是，牠們絕對不會改善工具。在動物的世界，千年一日。

【學　生】動物世界有一些社群、集體行為，譬如，鹿群被狼群追撵，年長的鹿為了保護跑在後面的幼鹿，會停下來主動撲向狼群，這不是與狼鬥爭，而是直接把自己送入狼口。

【傅佩榮】是的，這是動物保存基因的一種本能。

【學　生】但是，這與生物學定義的本能行為有區別。再如，大猩猩用蘸了水的木棒去捅螞蟻窩，取出螞蟻來吃的例子，還有生物學家的類似實驗，說明大猩猩這樣的高等動物，已經具有一種學習能力。牠們模仿人類的一些行為，並在模仿中獲得類似於人類智慧的東西。

【傅佩榮】再怎麼訓練，牠們很難超過人類三歲到五歲的小孩子。人類自然長大了，再笨的也比牠們聰明百倍。如果一匹馬有七歲小孩子的計算能力，大家都說，哇，不得了，神馬啊。但是七歲的小孩子長到九歲、十歲，覺得那些很幼稚。為什麼人類要辛苦地訓練動物，讓牠符合人類所謂智慧的標準，用以衡量牠呢？

【學　生】如果鹿群的行為不是一種自由選擇，又算什麼行為呢？

【傅佩榮】先看相反的情況。有人拍攝了一段影片，一隻公獅子找一隻母獅子為伴，第一步就把母獅子生的四隻小獅子全部咬死，因為那不是牠的種。小獅子多可愛，全部被咬死了。母獅子怎麼辦呢？牠會看四隻小獅子是不是真死了，如果真死了，母獅子心一橫，就跟著公獅子走了。這是殘酷嗎？不是，是生命的本能。

剛才提到的老鹿，也許以前看到更老的鹿那樣做過，所以會撲向狼群，讓小鹿多條生路可以走。

【學　生】如果是這樣，已經不是出於本能了，牠是看別的鹿那麼做過，經過了學習和選擇，這說明牠有這種能力。

【傅佩榮】但是，這不可能累積，沒有通過思考來改善的可能，永遠是一個模式，這個模式是可以預測的。

【學　生】如果沒有學習累積，出於生物本能，牠會為了保全自己的生命而逃跑。

【傅佩榮】動物有很多集體性的行為，都是為了保存群體的基因。譬如蜜蜂和螞蟻，首要任務就是保護蜂王和蟻后，根本不在乎其他個體的犧牲。

【學　生】蜂群的基因是唯一的，由蜂王以及與其交配的雄蜂決定，對於這個群體來說，其他個體死了，不會影響群體基因的傳遞。但是鹿群不一樣，每隻鹿的基因不一樣，牠死亡了，就減少了牠的基因的傳遞機會。動物行為學有一句話：動物的一切行為，都是為了將自己的基因傳遞下去。這樣看，有關基因傳遞概率的問題，鹿群和蜂群就不一樣了。

【傅佩榮】先接受你的意見，假設鹿有一種犧牲自己以完成某種任務的本能，為什麼年輕的鹿不孝順老鹿，主動與狼群作戰呢？我們會孝順、保護老年人，牠們為什麼讓老鹿先死掉呢？這不是不講道義嗎？可見，老鹿所謂的犧牲，還是群體形成的保護群體基因的本能做法。

世界很神祕，各種生命都非常複雜，但是牠們的複雜不可能達到人類的地步。人類作為萬物之靈，才真是奇妙無比。人類對其他動物的超越，不是量的問題，是質的問題。

【學　生】對於自由意志，自主選擇去做一件事情，是否需要預定一個標準，即人類達到的水平稱之為自由選擇，所有沒達到這種標準的，不稱之為自由選擇？

【傅佩榮】並非設定一種標準，而是除了人類之外，沒有第二個物種有這種可能性。除非有證據顯示，譬如發現蜘蛛織網的技能在進步，其實這是不可能的，這些動物總是以身體器官作為生存本能。

【學　生】歐洲有個例子，早上有人把牛奶送到居民門口去，有烏鴉「洞察」到這一點，學會了把牛奶包裝戳開，偷喝裡面的牛奶，這算是一個不斷適應環境的過程吧？

【傅佩榮】這是生存本能。達爾文的進化論，認為任何物種在任何地方都有生存本能。蜥蜴為了求生存，進入新的環境能夠有所覺察，能夠立刻改變保護色。這種改變能力的產生，是源於物種進化中的基因突變。物體受外界環境的刺激，遺傳基因產生一些偶然性的變化，叫做突變，後來優良品種得以在環境中生存、傳遞下去。不過一般物種再怎麼進化，都不可能達到反省意識的層面。

意識有兩種，第一種叫做直接意識，如冷、熱、危險；第二種叫做反省意識，即產生了自我意識，只有人類能具備。西方人對這方面談過很多，可以參考泰亞爾・德・夏爾丹（Teilhard de Chardin）的書。他是發現「北京人」的科學家之一，自己取中文名為「德日進」，意思是道德每天進步。在《人的現象》這本書中，他論述人類和其他動物通通不一樣。人類跨過反省的門檻，才意識到自己，而人類之外的生物只能有直接反應。

【學　生】如果說其他物種的選擇是基於基因，比如鹿剛剛產生，第一代鹿做第一個選擇，選擇當作犧牲品的鹿，這是不是自由選擇呢？

【傅佩榮】一般來說，是選擇老的、弱的、跑得慢的或者很小的犧牲掉了。

【學　生】比如有一百隻老弱的，選擇哪幾隻來犧牲呢？

【傅佩榮】當獅子襲來時鹿群沒有選擇餘地，全部拚命跑，老的、弱的、跑得慢的就犧牲掉了。這些鹿慢慢發現，獅子只要抓到一隻就會停下來。如果獅子聰明一點，今天運氣不錯就多抓幾隻，可是獅子不會。只有人類會多抓幾隻儲存起來。

【學　生】曾經有BBC（英國廣播公司）的攝製組專門深入深山老林半年，研究狼怎麼抓鹿，得出一個結論，完全支持了您剛才的說法。譬如，老鹿的留下不是有意識的行為，因為鹿的長處在於速度快，而狼的長處在於耐力強，如果抓年輕力壯的鹿，基本上不可能抓到。所以把老鹿留下來的做法，是不策略、不經濟的，應該把年輕的鹿留下與狼周旋，這樣大家都死不了。但是鹿的本能決定了牠們只能這麼笨，只會按照天然方式進行逃難。

【學　生】老師，以進化的觀點來講，人是最早的智人那一分支進化而來，難道突然有種智慧的光芒把我們點亮，成為現在這樣？

【傅佩榮】問得好！智人是怎麼出現的呢？根據達爾文的進化論，物競天擇，物種在慢慢演化，我們祖先這一支是人猿之一，跟大猩猩差不多。在某種特殊情況下，這一支人猿的意識跨過了反省的門檻。這是怎樣的過程呢？有一種說法可以接受，叫做某種自然界的變化。譬如，在某個時間、某個地方，閃電、打雷、地震或者自然界其他的大災難，很多種人猿在一起，只有我們祖先這支人猿受到某些影響，產生某種突變。物種的演變都是因為受自然界的影響，受到震撼，使其在某方面產生突變。譬如，很多種動物的肢體有特點，或者手特別長，或者腳特別靈敏，或者有魚鰭，都是配合生存的需要。

人類發展的不是外在器官，而是神經系統的複雜性。與最先進的靈長類猩猩相比，如果頭一樣大，人類的大腦容量多三倍，神經系統更是複雜得多。如果比基因，人類的二十三對染色體，不同於大猩猩的是極小的部分；如果比力量，人類的身體如果與大猩猩一樣大，力量比大猩猩小得多，但是因為大腦容量大，神經系統非常複雜，得以跨過反省的門檻，有了自我意識。

到目前為止，這是我能接受的，既合乎科學又合乎《聖經》的解釋。

再來看宗教的解釋。宗教講，上帝創造人類，並非無中生有，不是用泥土變的，也是慢慢進化而成。我們的祖先進入到一個階段，經過某種天然災難或者震撼，就穩定下來。《聖經》講，上帝創造了亞當、夏娃，讓他們住在伊甸園裡，對他們說，別的果子都可以吃，只有兩棵樹的果子不能吃，一棵叫做生命樹，另一棵叫做知善惡樹。但是亞當和夏娃兩個人住在樂園裡，每天就是吃水果，很無聊，總在想：上帝為什麼不讓我們吃這兩棵樹的果子？夏娃是女生，比較好奇，先吃了知善惡樹的果子，也給了亞當一個。兩個人吃了之後，眼睛張開，發現自己赤身裸體。人類歷史從此開始：眼睛張開。他們以前沒有眼睛嗎？有，但是以前眼睛只能向外看，現在自我意識出現了。

讀《聖經》會得到很多啟發，它講的是古人對人的一種掌握，可以與進化論相通。當夏娃吃了不該吃的果子，忽然發覺自己赤身裸體而感到羞恥，就找衣服穿。穿衣服是人的特色，其他動物不需要穿衣服，因為身體本能就是牠們的生存工具。人類的生存不靠本能，而靠頭腦。

子夏問孝。子曰：「色難。有事，弟子服其勞；有酒食，先生饌，曾是以為孝乎？」

子夏是文學科的高材生，他請教孔子什麼叫孝順。孔子說：「子女保持和悅的臉色，是最難的。有事要辦時，年輕人代勞；有酒菜食物時，讓年長的人吃喝，這樣就可以算是孝順了嗎？」

這話講得非常深刻。很多人想，現在要看父母臉色，將來父母老了之後，就要看自己的臉色。這是不對的。光是供給父母吃喝，只是外在形式，算不上孝順。其實內心的眞情才最重要，眞有孝心的人臉色自然會好。

4. 問學為師

子曰：「吾與回言終日，不違，如愚。退而省其私，亦足以發，回也不愚。」

孔子說：「我整天跟回說話，他都沒有質疑，好像是個愚笨的人（這說明孔子很希望學生提問題）。離開教室以後，留意他私下裡的言語行爲，發現他能夠發揮不少心得。回並不愚笨啊。」

學生不能只是提問題，還需要將學到的東西加以實踐，改變自己的行爲。孔子私下裡觀察，發現顏淵每天都有改變。

爲什麼顏淵不去質疑呢？有幾點可能：第一，顏淵眞的很笨，這當然不是事實；第二，他完全不用心思，只是被動接受，這也不是事實；第三，他領悟力很高，一聽就懂，所以欣然接受。顏淵屬於第三種。

這麼講，不是希望大家學顏淵不發問，因爲時代不一樣了。

當時孔子率先倡導平民教育，讓老百姓可以受教育。孔子比顏淵大三十歲，說實在的，學生的很多疑問他早就遇到、思考過了，如果學生有疑問，應該質疑問題怎樣講比較清楚，而不是質疑問題講得對不對。就算學生一心質疑老師講得不對，也不容易。譬如，我講課時，會談很多我個人對事物的看法，有些並不屬於我的本行研究，你們當然可以質疑；如果屬於我的本行研究，像儒家、道家還有《易經》，你們要質疑，就應該謹愼一點。你們大約比我小了三十幾歲，如果針對儒家、道家的經典來質疑我，立刻把我問倒的可能性不大。如果針對別的就不一定了，比如進化論，有的同學比我懂得還多呢！大家不會希望我講物理、化學，我也絕對不會講，因爲自己完全不懂。如果說有個老師什麼都懂，那肯定是騙人的，沒有十全十美的老師。跟一個老師學習，就要學習他的專長。

子曰：「視其所以，觀其所由，察其所安，人焉廋哉？人焉廋哉？」

孔子講了對人「視」、「觀」與「察」的三種方法。第一，「看明白」這個人正在做的事；第二，「看清楚」他過去的所作所爲，一定要問他有什麼樣的背景，什麼學校畢業，讀過什麼書，否則不能確定他現在的一切是有根據的；最後，「看仔細」他的心安於什麼情況。這樣，這個人還能如何隱藏呢？

前面的觀察針對現在和過去，「察其所安」就應該針對未來，觀察這人在什麼情況下才會安定下來。譬如，有些學生很聰明，學醫學，學法律，學商業，學成以後卻可能自私自利。所以我們要「察其所安」，看他什麼狀況下能夠心安。如果他從來不替別人著想，將來一定自私自利。我們交朋友也要「察其所安」。

當然，自私自利並不一定是壞事，比如做生意，如果手段正當，想賺錢不是壞事，但是損人利己就不可原諒。有人說天下人做生意都這樣，那是藉口。錯就是錯，很多人都錯，不見得你的錯就變小了，也不見得你的錯可以原諒。

「安」這個字很重要，被孔子特別強調。有學生請教他「三年之喪」的問題，孔子反問他：「於女安乎？」如果你沒有守三年之喪，卻吃得很好、穿得很好，你安不安心？宰我說，我安心啊。孔子毫無辦法，說「女安者爲之」，既然安心就去做吧。每一個人都有自主性，不可能老師說怎樣學生就怎樣。

我教了三十幾年的書，明白師生之間的情況。我在課堂上講課，學生都很年輕，很上進，很純潔，很有理想。等他畢業之後，他跟我說自己做什麼事，如果我給他一點建議，他也可能聽不進去，從此不再見面。我常常開玩笑說，至少我在台灣教書的經驗不是非常愉快的。有的學生會忘恩負義，甚至欺師滅祖。

譬如，我上課講「人性向善」，聽過的學生太多了，在課堂上從來沒人辯得過我，爲什麼？我講得有道理，並且有經典作依據。但是有的學生畢業之後進入社會，發現不能再講「人性向善」，因爲整個學術界都在講「人性本善」，他也就不敢講「向善」，並且不管對錯轉而去講「本善」。所有這樣的人，我都不承認是我的學生。

對於非哲學專業的學生，我不會勉強你們，沒有關係，只是自己要考慮儒家的思想到底怎樣。如果儒家眞是講「人性本善」，那麼我跟各位講，儒家思想一文不值，根本不值得學習。但是細讀《論語》與《孟子》，哪裡說到「人性本善」呢？完全沒有。其實是朱熹在說，我們爲什麼要被朱熹牽著鼻子走呢？

清代學者就發現朱熹的問題了，如顏習齋說：「減一分程朱，多一分孔孟。」這句話講得很精采。減少一分程頤和朱熹，就增加一分孔孟原來的面貌。原來人們都是讀程頤和朱熹，尤其是朱熹的注解，就不知道誰是孔子了。孔子說過，沒有人了解我呀！

子曰：「溫故而知新，可以為師矣。」

孔子說：「溫習自己學過的知識，並由其中領悟新的道理，這樣才可以擔任老師啊。」

當老師的就要不斷地讀書，讀過之後還要再讀。像《論語》這本書，我讀過何止百遍，每一次寫論文寫到孔子，整部《論語》就再讀一遍。溫故而知新，「新」代表創意。我學習西方哲學，也學習一點宗教，拿這些與儒家思想對照，才會有新的理解，才能在今天講《論語》而不至於落伍。

子曰：「學而不思則罔，思而不學則殆。」

孔子說：「學習而不思考，就不會有所領悟；思考而不學習，就會陷於迷惑。」

光思考不學習，就缺乏系統性，做每件事情都不一樣。西方人在學習上分三個層次，第一個叫做信息（information），每天都在變；第二個叫做知識（knowledge），分爲不同專業的知識；最高的叫做智慧（wisdom），智慧是整體的、整合的。

子曰：「由！誨女知之乎！知之為知之，不知為不知，是知也。」

孔子說：「子路，我來教你怎樣求知！知道就是知道，不知道就是不知道；這才是求知的態度。」

如果你不知道卻以爲自己知道，那糟糕了，你就不願意聽別人的說法。有人把最後那個「知」讀成「智」，就錯了，這裡談的是求知的方法。

子張學干祿，子曰：「多聞闕疑，慎言其餘，則寡尤；多見闕殆，慎行其餘，則寡悔。言寡尤，行寡悔，祿在其中矣。」

子張請教怎樣獲得官職與俸祿。孔子說：「多聽各種言論，有疑惑的放在一邊，然後謹愼地說自己有信心的話，這樣別人的責怪就少了；多看各種行爲，有不妥的也放在一邊，然後謹愼地去做自己有把握的事，這樣自己的後悔就少了。說話很少被責怪，做事很少會後悔，獲得官職與俸祿自然不成問題。」

子張這個學生比孔子小四十八歲，是《論語》裡有名字的學生中年紀最小的。學生問這些問題，孔子是不會生氣的，因爲學習本來就要爲社會所用，況且古代讀書人只有一條出路：做官。聽從孔子這番話，在社會上做官、做事都不成問題。爲人處世，最主要就是言和行兩件事。

5. 君子之道

子曰：「君子不器。」

孔子說：「君子的目標，不是要成爲一個有特定用途的器具。」

現在講「君子不器」，是說我們不應該只以上班、工作、賺錢爲滿足。如果我是個君子，需要像孔子一樣成就自己的生命，三十、四十、五十、六十、七十，每過一個十年就抵達更高的層次。如果我們沒有這樣的警覺，數十年如一日，到了生命的後半段，就剩下五個字：重複而乏味。多少人都是如此，但是儒家不是，就因爲「人性向善」的「向」字。

講人性，卻忽略「向」字，我們的人生實在沒有理由要奮鬥。沒有「向」字，說明沒有力量，大家都一樣，過一天算一天。有人說，大家都這樣過，我爲什麼不呢？爲什麼要每天向上，不是自找麻煩嗎？儒家認爲這不是自找麻煩，而是內在產生一種快樂。

人生有兩種選擇：第一，每天努力奮鬥，感覺很累；第二，每天什麼事都不做，到中年就準備退休了。我發現，寧肯累一點，可以感覺到自己生命的成長。

《論語》中的君子，是指立志的人；君子不器，這裡的「君子」應該是動名詞，即「要成爲君子的人」。孔子告誡我們，不要以做一份工作爲滿足，不要把自己看成一件器皿，而要成爲君子。

我年輕時讀《論語》，常常覺得洩氣，因爲發現裡面只有兩種人，一種君子，一種小人。我想，我屬於哪一種呢？怎麼看都是小人。因爲小人追求利益，君子講道義，講道義多累啊，講利益當然比較方便。後來我明白了，君子、小人不是二分法，而是動態的。所以我們早上起來說，今天還可以努力，再進步就是君子了。不要給自己太大壓力。

子貢問君子。子曰：「先行其言而後從之。」

子貢請教怎樣才是君子。孔子說：「先去實踐自己要說的話，做到以後再說出來。」

這不是標準答案，而是標準的因材施教。回答某個人的問題，應該根據他的需要給出答案。君子的修練並沒有標準模式，每個人應該針對自己的弱點加以修練。

子貢年輕，口才又好，有些事不管能不能做到，直接就說了，所以孔子對他這樣教誨。我年輕時比較像子貢，很多時候很衝動，說了之後再去做，最後會很累。那時也很豪爽，常常答應別人很多事情，非常爽快，但是做起來好辛苦，年紀大了比較收斂了，答應之前要先考慮一下。比如周生春教授（浙江大學「文化中國人才班」的負責人）對我說，你就答應來這邊教三年吧，我說先教第一年，以後再說。如果我立刻答應教三年，以後做不到怎麼辦？

子曰：「君子周而不比，小人比而不周。」

孔子說：「君子開誠布公而不偏愛同黨，小人偏愛同黨而不開誠布公。」

要了解君子和小人的對比，可參考附錄〔3〕的篇章，全部談的是君子和小人的對比。最有名的一篇，即在〈子路第十三〉中，「君子和而不同，小人同而不和。」把這十幾篇綜合起來看，就知道什麼是君子，什麼是小人。

子曰：「攻乎異端，斯害也已。」

對這句話怎麼翻譯？

．思辨與問答

【學　生】研究兩極的學說，這是一種禍害啊！

【傅佩榮】「異端」，指與我不同的另外一端，沒有貶義，到孟子那裡才變成異端邪說。「攻」，指研究，還是指批判？在《論語》裡，這個「攻」指的是批判。

參考〈先進第十一〉：「季氏富於周公，而求也為之聚斂而附益之。子曰：『非吾徒也。小子鳴鼓而攻之，可也。』」周公代表魯君，周公的很多繼位者也稱為周公。季氏的財富超過了魯君，冉有卻還在為他聚集收斂，增加他的財富。

冉求這個學生做了官，只聽老闆的話為老闆賺錢，而忽略了孔子的教訓。孔子對他不滿意，並且說，冉求不是我的同道，同學們可以敲鑼打鼓去批判他。

再參考〈顏淵第十二〉：「攻其惡，無攻人之惡。」要批判自己的過錯，而不要批判別人的過錯。可見，《論語》中出現的這幾個「攻」字都是指批判。

「攻乎異端，斯害也已。」這句話應該翻譯為：批判與自己立場不同的說法，難免會帶來後遺症。孔子主張「道不同，不相為謀」，他不會去批判，因為批判之後會有後遺症，你批判別人，別人也會批判你呀。

子曰：「人而無信，不知其可也。大車無輗（ㄋㄧˊ），小車無軏（ㄩㄝˋ），其何以行之哉？」

孔子說：「一個人說話不講信用，真不知道他怎麼與人交往。就像大車沒有連接橫木的輗，小車沒有連接橫木的軏，車子要怎麼拉著走呢？」

「大車」是牛車，可以載重，跑得慢；「小車」是馬車，載重有限，跑得快。古代大車小車的前面都有橫木，套住牛馬。輗和軏就是橫木的連接關鍵，即車子套在牛馬的背上時鎖住的中間環節。

孔子是在比喻人不能沒有信用。有人問，守信用眞的那麼重要嗎？孟子說：「大人者，言不必信，行不必果，惟義所在。」言不必信，指說話不必守信；行不必果，指做事不必有結果。這不是違反信用嗎？

當我們和別人約定一件事的時候，會涉及一個時間差，在這期間可能發生不可預料的事。舉個例子，你買了把獵槍，有個朋友對你說，下個月把獵槍借給我打獵吧。你答應了。但是一個月之中朋友患了憂鬱症，有自殺傾向。等約定時間到了，朋友對你說，上個月答應借我獵槍，借我吧。這時候如果你守信，等於給了他自殺的機會。所以這種情況下不必守信。孟子說「惟義所在」，所謂「義」，指一件事的正當性。

什麼叫「行不必果」？舉個例子，你幫一個朋友蓋一棟房子，蓋了一半你就不蓋了，因爲發現這房子是用來藏朋友走私的東西。發現了不良意圖，再繼續就是助紂爲虐。做事不一定要有結果，考慮「惟義所在」。

讀《孟子》會發現，只有他把孔子的思想全部展現出來，淋漓盡致，眞是才華過人！孔子死後一百多年出現了孟子，他地下有知一定很欣慰。像孟子這樣傑出的人才，到處說自己要學孔子——「私淑孔子」，私底下找孔子的材料來學習，而且佩服之至。

現在孔廟裡還有四個字，講孔子是「生民未有」，意思是，自有人類以來，沒有見過孔子這樣的人！這話是孔子的學生最先說的，經過孟子特別強調之後，天下人都知道了。

6. 人性向善

哀公問曰：「何為則民服？」孔子對曰：「舉直錯諸枉，則民服；舉枉錯諸直，則民不服。」

魯哀公問：「要怎麼做，百姓才會順服？」孔子答道：「提拔正直者，使他們位於偏曲者之上，百姓就會順服；提拔偏曲者，使他們位於正直者之上，百姓就不會順服。」

因爲百姓向善，看到偏曲者自然不服，而正直者上台則自然心服。孔子沒有強調人性向不向善，卻正好預設了百姓是向善的。

有關民、人，所有人都怎樣，四海之內都怎樣，這些全稱命題也即普遍命題。普遍命題需要有所預設。如果孔子不主張「人性向善」，就不能說出「民」這個字，而只能說有些人心服。「民」是一個集合名詞，代表了普遍性，只有來自人性，才會是普遍的。

季康子問：「使民敬、忠以勸，如之何？」子曰：「臨之以莊，則敬；孝慈，則忠；舉善而教不能，則勸。」

季康子問：「要使百姓尊敬、效忠與振作，應該怎麼做？」孔子說：「以莊嚴態度面對百姓，他們就會尊敬。以仁慈之心照顧百姓，他們就會效忠。提拔好人並且教導能力不足的人，他們就會振作起來。」

今天也一樣，看到一個好人上台，我們就知道好人可以出頭，就都願意行善了；如果看到一個壞人上台，我們會不會說「看來壞人能出頭，那我們要做壞事」？其實我們總覺得做壞事很彆扭，而且壞人上台恐怕是暫時的。這就是「人性向善」的證明。

如果不談人性，好人上台，大家通通做好事；壞人上台，大家通通做壞事。這種情況比較少。通常是好人上台，大家都互相勸勉，說我們要做好事；壞人上台，大家都互相告誡不要像他一樣。

或謂孔子曰：「子奚不為政？」子曰：「《書》云：『孝乎惟孝，友於兄弟，施於有政。』是亦為政，奚其為為政？」

孔子到五十一歲才做官，其實很早就有人勸他，說你這麼有學問有能力，爲什麼不做官呢？可是做官不是要做就能做，總要有人提拔才行。

孔子講了很好的理由，說：「《尙書》上說：『最重要的是孝順父母，友愛兄弟，再推廣到政治上去。』這就是參與政治了，不然，如何才算參與政治呢？」他認爲，在家裡做到孝和悌，慢慢推廣到鄰里鄉黨，天下自然大治了。這是儒家的理想。從政並不一定要做官，只做官而家事沒處理好，也是不行的。

7. 禮儀制度

子張問：「十世可知也？」子曰：「殷因於夏禮，所損益，可知也；周因於殷禮，所損益，可知也。其或繼周者，雖百世，可知也。」

子張請教：「未來十代的制度現在可以知道嗎？」孔子說：「殷朝沿襲夏朝的禮制，所廢除的與所增加的，可以知道；周朝因襲殷朝的禮制，所廢除的與所增加的，也可以知道。以後若有接替周朝的國家，就算歷經百代，也可以知道它的禮制。」

禮是古代早就制定好的，夏、商、周朝都有禮，人的社會不可能沒有禮。禮代表禮儀、禮節、禮貌。禮儀是最形式化的，又稱爲儀式；禮節是社會的規定；任何人際交往都需要基本的禮貌。

子張這個學生很年輕，但是志向很高。他問了很多大問題，這是其中之一。

子曰：「非其鬼而祭之，諂也。見義不為，無勇也。」

孔子說：「對於不該自己去祭祀的鬼神，若是去祭祀，就是諂媚。看到該做的事而沒有採取行動，就是懦弱。」

很多人強調孔子是無神論者，請問，在這裡孔子否認鬼神了嗎？沒有。孔子只是說，你只要祭祀你應該祭祀的鬼神——你的祖先。如果孔子認爲祖先不存在，何必談祭祀呢？他只是告誡大家，不要看到別人很發達，就順便祭祀別人的祖先，那是諂媚。

孔子絕不是無神論者，他對鬼神有自己的理解。他從來沒有否認過鬼神，和古代一般人一樣相信人死爲鬼。

子疾病，子路請禱。子曰：「有諸？」子路對曰：「有之；《誄》曰：『禱爾於上下神祇（ㄑㄧˊ）。』」子曰：「丘之禱久矣。」

——〈述而第七〉

孔子病得很重，子路請示要做禱告。孔子說：「有這種事嗎？」子路說：

「有的。《讄文》上說：『爲你向天神地祇禱告。』」孔子說：「我長期以來一直在禱告啊！」

天神地祇是一般的鬼神，並不是天。孔子的意思是，我跟鬼神從來沒有分離，從來沒有隔絕過啊！我該祭祀就祭祀，該做我的事就做我的事，還需要特別向鬼神禱告嗎？平時建立關係就沒有問題，而臨時抱佛腳是沒有用的，不能病急亂投醫啊！

卷四

八佾第三

孔子有「承禮以啟仁」之觀點。「承禮」，把古代的禮接過來；「啟仁」，開啟一條「仁」的新路。

1. 禮主別異

孔子謂季氏八佾舞於庭：「是可忍也，孰不可忍也？」

季氏在家廟的庭前，舉行天子所專享的八佾之舞。孔子評論這件事時說：「這可以容忍，還有什麼是不可以容忍的！」

季氏是孔子很不滿的一個人。季氏有家廟，因爲他也是魯國周公的子孫，有特權。周公是周文王的兒子、周武王的弟弟，姓姬名旦。周公輔佐他的姪子成王，後來把政權交還給成王，成王很感激他，給了魯國各種特別的封賞。魯國可以立太廟（祭祀周朝祖先的廟），可以祭周公，與祭祀天子是同樣的規格。這是魯國才有的特權。

季氏認爲自己也是周公的子孫，就在家廟舉行八佾之舞。八佾之舞是什麼呢？一佾是八人，八佾是六十四人。天子八佾，諸侯六佾，大夫四佾。現在祭孔都用六佾，因爲六佾是諸侯之禮。季氏祭祀，按禮制只能用四佾三十二人，他用八佾是違背了禮制。很多人說，這有什麼關係呢？他有錢嘛，隨便用就是了。但是不可以！

社會需要有規格標準。譬如，現在我是一個普通教授，決定了接待我的是什麼人，什麼規格；哪天我在別的地方當了校長，接待我的就是校長。這種接待規格，跟這個人有沒有學問無關，只看他的社會身分。社會需要有這樣的規格，不然就亂套了。如果今天我來，是你們校長接待我，以後我們校長來又該怎麼辦？所以我們需要規矩，大家照規矩來。

可是季氏不照規矩來，孔子受不了就說，如果這件事情可以忍受，還有什麼不可以忍受呢？他認爲季氏將來什麼事情都做得出來。

三家者以《雍》徹（撤）。子曰：「相維辟公，天子穆穆，奚取於三家之堂？」

魯國的三家大夫在祭祖典禮中，冒用天子之禮，唱著《雍》詩撤去祭品。孔子說：「《雍》詩上有『助祭的是諸侯，天子莊嚴肅穆地主祭』，這兩句話在三家的廟堂中怎麼能用得上呢？」

《雍》詩中有八個字：「相維辟公，天子穆穆。」「相」，即幫助的助，如宰相的「相」字就是幫助的意思；「維」是語氣助詞；「辟公」即諸侯；「穆穆」就是莊嚴肅穆的樣子。這是《詩經》裡的話。

三家大夫連諸侯都不是，居然也唱《雍》詩，這件事實在是惹人笑話了。後來，前章與本章合起來，變成一個有名的成語，叫做「舞佾歌雍」，描寫一個人僭越，超過太多了。

子曰：「人而不仁，如禮何？人而不仁，如樂何？」

孔子說：「一個人沒有眞誠的心意，能用禮做什麼呢？一個人沒有眞誠的心意，能用樂做什麼呢？」

「仁」，我直接翻譯爲「眞誠的心意」。前面有「巧言令色，鮮矣仁」，「仁」就是眞誠的心意。你們怎麼翻譯呢？

・思辨與問答

【學　生】人如果不仁的話，怎麼來對待禮呢？人如果不仁的話，怎麼來對待樂呢？

【傅佩榮】注意，禮和樂是工具，不需要人來對待，只看人拿禮樂做什麼用。

仁是真誠的心意。一個人如果沒有真誠的心意，還用禮做什麼呢？譬如，一個人在路上看到老師，對他鞠躬行禮，心裡卻很討厭他。請問，這種禮有什麼用呢？沒有真誠的心意，禮和樂只是擺擺樣子，成為純粹的形式，完全虛偽，這個是標準的禮壞樂崩。

所謂禮壞樂崩，不是說不會奏樂了，不會擺排場了，而是只剩下外在形式。喪失了真誠的心意就喪失了本質。

林放問禮之本。子曰：「大哉問！禮，與其奢也，寧儉；喪，與其易也，寧戚。」

學生問了一個很簡單的問題，但是孔子的反應很激烈。

林放請教禮的根本道理，這讓孔子很感動，因爲當時大家已經不守禮了，禮變成了純粹的形式。孔子說：「你提的眞是大問題啊！一般的禮，與其鋪張奢侈，寧可簡約樸素；至於喪禮，與其儀式周全，不如心中哀戚。」簡約樸素，雖然不太合乎禮的規格，至少這個人有眞誠的心意。

孔子有「承禮以啟仁」的基本觀點。「承禮」，把古代的禮接過來；「啟仁」，開啟一條新路，叫做仁。仁即眞誠。教育就是要啟發學生眞誠的心，要通過閱讀《詩經》，閱讀其他經典，讓學生恢復眞誠。

子曰：「夷狄之有君，不如諸夏之亡也。」

孔子說：「夷狄還知道有君主，不像周朝諸國連君主都沒有了。」

「不如」，不能翻譯成「比不上」，不能說夷狄就算知道有君主，也比不上我們這些諸夏之國沒有君主，那就成了笑話。「如」，本來就有「像」的意思。

前面提到「無友不如己者」，應該翻譯爲：沒有朋友不像我這樣的。

周朝諸國是華夏文明區。春秋期間，周朝曾經五年沒有天子；魯國曾經九年沒有國君，因爲發生內亂，國君被季氏趕走了，才引發孔子這樣的嘆息。

季氏旅於泰山。子謂冉有曰：「女弗能救與？」對曰：「不能。」子曰：「嗚呼！曾謂泰山不如林放乎？」

「旅」，這裡不指旅行，而是一種祭禮的名稱，代表祭祀。「救」，是勸阻的意思。

季氏要去祭祀泰山。冉有是季氏的家臣，孔子對他說：「你不能勸阻他嗎？」冉有很誠實，回答：「不能。」因爲他這個人是專門幫助老闆發財的，老闆說怎麼做他就怎麼做，讓他去反對老闆，絕無可能。

孔子就說：「嗚呼，難道你們認爲泰山之神不像林放一樣懂得禮嗎？」他告誡冉有：「林放還知道問禮的根本，泰山之神會不知道你們僭越禮的規定嗎？」

「泰山」指泰山之神。如果指一座山，就不能與一個人相比；而人們到泰山去祭祀，就說明泰山上有神。

子夏問曰：「『巧笑倩兮，美目盼兮，素以為絢兮。』何謂也？」子曰：「繪事後素。」曰：「禮後乎？」子曰：「起予者商也，始可與言《詩》已矣。」

子夏不是孔子第一流的學生，但是他在《論語》裡受到最高的稱讚。孔子公開說「啟發我的人就是子夏」。我們很好奇，他是如何啟發孔子的？他只說了三個字，後面還加問號——「禮後乎？」這就啟發了孔子。注意子夏引用句子的翻譯，我聽聽大家怎麼說。

．思辨與問答

【學　生】子夏問道：「『微笑的面容美好動人啊，美麗的眼睛黑白分明啊，潔白的底子上繪有文采啊。』這幾句詩是什麼意思？」孔子說：「先有素色的底子，然後繪畫。」子夏說：「那麼禮是不是產生於仁義之後呢？」孔子說：

「啟發我的是卜商啊！從此可以跟你談論《詩經》了。」

【傅佩榮】這一段翻譯大有問題。對前幾句，我的翻譯是：子夏請教說，笑瞇瞇的臉真好看，滴溜溜的眼真漂亮，白色的衣服就已經光彩耀目了。子夏不懂了，為什麼說白色的衣服就已經光彩耀目了。孔子說，繪畫時，最後才上白色。孔子說「繪事後素」，可是朱熹加了個「於」字，說「繪事後於素」。因為朱熹是南宋人，有很好的宣紙可以畫畫，他忽略了孔子的時代沒有白紙可以畫畫。看漢代古墓的發掘就知道，那時候文字都畫在絹布上，如帛書本《老子》。孔子的時代畫畫的紙用樹葉、樹片做成，是咖啡色的，而「白色」是很貴重的顏料。所以孔子說，畫畫是先上各種彩色，最後上白色，使之前的顏色彰顯出來，這叫做「繪事後素」。

為什麼穿上白色的衣服，就顯得光彩耀目？因為這個人先有了「巧笑倩兮，美目盼兮」，是天生麗質，白色使其顯得很耀目。真正的美不是靠彩色來裝扮的。

子夏問：「禮難道是最後加於人身上的嗎？」意思是禮相當於白色。孔子說，哎呀，啟發我的人就是子夏。孔子當時還不曾想到禮相當於白色。我們一般認為禮是彩色的，人們學習禮之後就變得多采多姿，很有禮貌了。其實多采多姿的是內心真誠的情感，是人性向善的力量，白色的是禮，是外在的形式。

禮本身不是目的，而是像白色的衣服一樣，目的是讓天生麗質的女子顯示她的美。如果一個人沒有真誠的情感，禮表現得再好，都是空虛的形式。

【學　生】先有仁，還是先有禮呢？

【傅佩榮】不是先有仁才有禮的。孔子「承禮啟仁」，是說禮早就存在，後來禮壞樂崩，大家都忘記了真誠的情感，只是表面客套。所以孔子強調人要真誠，真誠才能發現人性向善，美好的東西都由此生發出來。

【學　生】傅老師，我聽過截然相反的說法：之所以要有禮，要有規範，是因為人本身是不善的，有各種各樣惡的念頭；要用禮來管束他，否則天下大亂。

【傅佩榮】這是荀子的說法。荀子的描述有一些經驗根據，不過他沒辦法回答，是誰第一個發明了禮？

首先，如果要用禮才能讓人類社會上軌道，最開始人們都一樣性惡，為什麼社會沒有崩潰呢？其次，是誰發明了禮？荀子說是聖人，可是聖人與人不一樣嗎？為什麼他成了聖人而我沒有呢？

荀子的思想有一個大漏洞：把禮等同於道，把禮無限上綱，肯定禮最重要，但是他最後承認「未有知其所由來者也」，沒有人知道禮是怎麼來的。這樣的理論你能接受嗎？我不能接受。

【學　生】他這種禮的設置，可能出於功利上的考慮，而不是內在價值的反映。禮對彼此都有利。就如墨子說，只有「兼相愛」，才能「交相利」，並不認為人性本兼愛，只是說這樣有利。荀子也不認為人性本尚禮、人性本真誠，只是人有禮就少了爭端，而爭端是會造成損失的。

【傅佩榮】很好。荀子確實是這樣，以荀子的思想，不能要求一個人行善避惡，也不能建構一個系統。他的學生李斯、韓非變成法家，對人性的設計都出於利害考慮。今天行善對我有利，我就行善；明天為惡對我有利，我就為惡。當初的設計是禮對我有利，考慮另一種情況對我有利，我就可以違背禮。法家完全把禮當作手段了。

探討一種哲學，要看它在哪一個層次，有的只是在經驗層次有些道理，卻無法建構完整的系統。所謂完整的系統，必須來自最根本的人性。如果不談人性，所有東西都是相對的，只有利用價值而已，不可能構成系統。

荀子的困擾在於：他一方面學道家，接受老子的「天」的概念；一方面又說自己是儒家，得孔子的真傳。孔子的天是天命，孟子的天也是天命，荀子的天卻無所謂天命。「天行有常，不為堯存，不為桀亡」（出自《荀子・天論》），這裡的「天」是一種客觀規則。老莊講客觀規則，不過還有個道作為超越界，而荀子沒有。

荀子一方面受道家影響，把天當作自然之天；一方面還想學習儒家的仁義，講禮義但是講不通。他的學生變成法家是可以理解的。

子曰：「夏禮，吾能言之，杞不足徵也；殷禮，吾能言之，宋不足徵也。文獻不足故也。足，則吾能徵之矣。」

孔子說：「夏朝的禮制我能敘述，它的後代杞國沒有辦法證實。殷朝的禮制我能敘述，它的後代宋國沒有辦法證實。這都是資料與人才不夠的緣故。若有足夠的資料與人才，我就能證實了。」

「文獻」，「文」指資料，「獻」代表人才，「獻者」和「賢者」是相通的。夏朝的後代封於杞，即「杞人憂天」的杞。商朝的後代封於宋，孔子的祖先就是宋國人。

我建議大家不要只看我的書，還要看楊伯峻的《論語譯注》，還有錢穆的《論語新解》，以及李澤厚對《論語》的翻譯。同時，一定要看朱熹的注解，因爲這是大家都讀過的，有錯誤也共同了解。最好也看看《十三經注疏》裡的《論語注疏》，即何晏的集解，包括從先秦到兩漢對《論語》的注解，其中還有鄭玄的注解。

子曰：「事君盡禮，人以為諂也。」

孔子說：「服事君主完全遵照禮制的規定，別人卻以爲他是在諂媚討好。」

孔子這是在講他自己，因爲他被別人批評了。以下引用〈子罕第九〉一章，我們就知道孔子爲什麼會受到批評，他確實有自己的執著。

子曰：「麻冕，禮也；今也純，儉，吾從眾。拜下，禮也；今拜乎上，泰也。雖違眾，吾從下。」

孔子說，大夫的禮帽以麻製成，這是禮制的規定，現在大家都戴絲織的，這樣比較節省人力，所以我贊成大家的做法。在孔子的時代，絲已經普遍生產了，做帽子既便宜又省力。孔子又說，臣見君時先在堂下磕頭，升堂後再磕頭，這是禮制的規定；現在大家只是在升堂後磕頭，這樣不太恭順，所以我還是贊成先在堂下磕頭。

就這樣，孔子被人家批評。每一次上朝，堂下就孔子一個人跪下磕頭，其他人都不磕。他們想，離得這麼遠，國君也看不到是誰在磕頭，省就省了，上堂之後再磕頭吧。但是孔子身高一百九十二公分，堅持磕頭，其他人覺得這是給我們壓力，就說他諂媚，說他怕國君不知道自己恭順。所以孔子很委屈，分辯道，我這是按照禮的規定。

定公問：「君使臣，臣事君，如之何？」孔子對曰：「君使臣以禮，臣事君以忠。」

魯定公問孔子：「君主使喚臣子，臣子服事君主，要怎麼做才好？」孔子說：「君主按照禮制來使喚臣子，臣子盡忠職守來服事君主。」

說到忠於職守，沒有人會反對，因爲拿人錢財替人消災。如果要求君主按照禮制使喚臣子，這不容易。通常君主把大臣當犬馬一樣，要你怎麼做你就得怎麼做，不會尊重你，更不會按照禮制對待。孔子給魯定公一點暗示：你要別人盡忠，最好自己能按照禮的規定，該下班就讓人下班，不要叫別人替你賣命。

哀公問社於宰我。宰我對曰：「夏后氏以松，殷人以柏，周人以栗，曰，使民戰栗。」子聞之，曰：「成事不說，遂事不諫，既往不咎。」

孔子的學生宰我出現了，他一出現，各種問題也來了。「既往不咎」出自這裡。

魯哀公問宰我有關社主用木的事。「社」代表土神，古代建邦立國都要立社，以都城地區合適的樹木爲社主。社主所在之地，有用樹木所製的牌位，也有祭祀的廟。宰我學問很不錯，回答他，夏朝用松木，松代表輕鬆，不要給人壓力，放鬆一點；殷朝用柏木，柏代表廣博，不要太狹隘；周朝用栗木。之後他又說，栗代表要使百姓緊張戰慄。這句話說錯了。

宰我爲什麼這麼講呢？因爲魯國四分，宰我說「使民戰慄」，就是希望魯哀公用高壓手段和武力，把那三家大夫壓制下去。孔子就不太高興，說：「以前的事不能再解釋，過去的事不能再勸阻，從前種種也不能再責怪了。」魯國四分的情況已經定了，現在採用武力來統一魯國，既勞民傷財，又不見得有結果。

其實，孔子在擔任司寇的時候試過，但是失敗了。那時候，一個大夫有好幾座城，每座城都有城牆，要收復它很不容易，只要城門一關就不好打，而且最後可能魯國內部打成一團。所以孔子提醒宰我不要自作聰明，對於現在的形勢不要勉強改變，尤其不要讓國君有這種想法。

2. 祭祀之禮

子曰：「禘自既灌而往者，吾不欲觀之矣。」

孔子說：「舉行禘祭，從獻玉這一步之後，我就不想仔細觀看了。」

「禘」是古代的大祭，有祭天、祭地、祭祖先之分。天子與諸侯各有祭祖先於宗廟的禘。周成王感謝周公大德，特許其後代子孫在魯國爲周公舉行天子的禘祭。後來魯國國君竟然以天子的禘祭規格來祭自己的祖先，這就是僭越了。「既灌」是在禘祭開始後不久，獻上圭璋，以迎接祖先之靈，這是天子與諸侯的禘祭相似的部分。這之後的儀式就不能一樣了，不然就是魯國僭越了自己的身分，冒用了天子之禮。違背禮儀的規定，是孔子不願意看到的。

或問禘之說。子曰：「不知也；知其說者之於天下也，其如示諸斯乎！」指其掌。

有人請教禘祭的理論。孔子說：「我不知道啊！知道這種理論的人，若要治理天下，就好像看著這裡吧！」他指著自己的手掌。

有趣的是，如果孔子眞的不知道，憑什麼這麼說呢？恐怕他是強調自己不知道各種細節。一般來說，懂得這個道理的話，就知道分寸。看自己手掌是很容易的，如果知道祭天地的禮，那麼治理天下就像看手掌一樣。

孔子之所以這麼說，是因爲崇拜周公。周公制禮作樂，可是到了孔子的時代，禮樂已經荒廢了，完全變成一種形式，並且出現了僭越的現象，亂成一團。這使得孔子常常感嘆。

有時候我們不覺得禮有多麼重要，但是生命是有階段的，人與人之間是有關係的，如果沒有禮，關係就混亂了。君不像君，臣不像臣，老師不像老師，學生不像學生，眞是讓人不知道該怎麼辦。

難道我們能像外國人一樣，兒子叫爸爸John，叫媽媽Mary嗎？爲什麼他們直呼名字呢？因爲他們相信上帝是自己的天父，父母兄弟姐妹都跪下來說：「我們在天上的父！哦，原來我們是兄弟姐妹！」因爲天父，他們彼此稱爲brothers and sisters（兄弟和姐妹）！

我們中國人還是要按照自己的規矩，要配合每一個人的身分！這樣理解了全局，我們就明白孔子爲什麼這麼講了。

祭如在，祭神如神在。子曰：「吾不與，祭如不祭。」

對後一句有人翻譯爲：「孔子說：『我沒有參加祭祀，就好像我沒有親自參加祭祀一樣。』」可是誰會講這種廢話呢？

「與」本身有兩種解釋，一是我與你的「與」，一是指贊成、欣賞。如「吾與點也」，是說「我欣賞曾點的志向」。「祭如不祭」代表一種態度。應該翻譯爲：「孔子說：『我不贊成那種祭祀時有如不祭祀的態度。』」

這不是我的發明，最早這樣講的是「文起八代之衰」的韓愈。韓愈說「孔子譏祭如不祭者」，加一個「者」字，這句話講得精采。有些人祭祀的時候態度散漫隨便，不知道祭祀是面對鬼神的事，好像毫不在乎，這叫做「祭如不祭」。這種理解是正確的，有位日本學者也是同樣的解釋。

「祭如在，祭神如神在」，這話是孔子的學生對他行爲的描述。孔子在祭祀的時候，好像受祭者眞的臨在，祭鬼神時有如鬼神眞的臨在。這說明孔子的態度非常莊嚴，非常肅穆。學生問他，老師，您剛才怎麼這麼嚴肅啊？孔子才說「吾不與，祭如不祭」，我不贊成祭祀時有如不祭祀的態度。

有人說，當時有一種習慣是找人代理祭祀。譬如今天我應該祭祀，但我沒有空，就找張三代理，我就認爲自己是祭祀過了。所以他們解釋說，孔子不一樣，認爲只要我沒有親自祭祀，就好像我沒有祭祀一樣。如此解釋是不對的，一句話繞來繞去，最後變成很奇怪的想法了。

對於這類疑點，我們應該看朱熹的注解。「朱注」雖然有很多謬誤，但是不要排斥它，知道謬誤之後才清楚本意。六百多年來讀書人都讀朱熹的注解，清代學者也是讀完朱熹再來批評朱熹的。我們還可以看楊伯峻、錢穆、李澤厚這些先生的書，他們有很多地方翻譯得不錯，不過也有些問題値得商榷。同樣，如果有人認爲我講得不對，也可以討論。

王孫賈問曰：「與其媚於奧，寧媚於灶，何謂也？」子曰：「不然，獲罪於天，無所禱也。」

王孫賈請教孔子說：「與其討好尊貴的奧神，不如討好當令的灶神。」孔子說：「不是這樣的，一個人得罪了天，就沒有地方可以獻上禱告了。」

「獲罪於天，無所禱也」，從這八個字能學到什麼？第一，孔子也會禱告；第二，孔子只向天禱告。這說明孔子有信仰，相信天。古人一般都相信天，所以帝王稱爲天子。孔子只向天禱告，而對鬼神祭拜。鬼神是我們的祖先，所以要祭拜，但是不必向他們禱告。因爲鬼神沒有什麼了不起，我們將來死了也變成鬼神，子孫同樣要祭拜我們。天不一樣，天是萬物的來源，萬物的主宰。

王孫賈的話暗含一層意思。當時衛國分成兩派，一派叫做夫人派，以南子爲主；另外一派就是王孫賈、彌子瑕這些大臣。因爲孔子是有名的國際學者，他到了衛國，兩派的人都來拉攏。王孫賈就跑來對孔子說，你去討好尊貴的奧神（暗指南子），她高高在上，住在王宮裡面，但是她沒有實權，不如討好當令的灶神，也就是我們這幾個把持衛國朝政的。你只要向我們靠攏，我們馬上給你官做。他故意用俗話來問孔子，好像打啞謎一樣。孔子說：「得罪天的話，就沒地方可以禱告了。」意思是，我絕不爲了個人利益向你們妥協。

子曰：「周監於二代，郁郁乎文哉！吾從周。」

「監」就是觀察。孔子說：「周代的禮教制度參酌了夏、殷兩代，形成了多麼燦爛可觀的文化啊，我是遵從周代的。」

爲什麼孔子要講這句話？因爲他本人是商代的後裔。孔子的祖先是宋國國君的兒子、王室之後，但不是嫡長子。古時候是「五世親盡，別爲公族」，國君的兒子如果不是嫡長子，就不能接替君位。這個兒子傳五代之後，就不再稱爲王族，而稱爲公族。公族也傳嫡，如果一個兒子不是嫡長子又沒有接替位子，再傳五代之後「別」出去，再往下封。這就是古代的封建社會。

孔子爲什麼姓孔？因爲宋國國君宋閔公的兒子是孔子的祖先，沒有接替位子，在「五世親盡」之後出現了孔父嘉，是孔子最早的祖先。孔父嘉的後代就開始姓孔了。

古代的姓氏比較複雜，隨處都有孟氏、叔氏、季氏，按排行來的。譬如，夏朝和商朝的皇帝，都是照「甲乙丙丁戊己庚辛」來排的，後來就不清楚誰是誰了。

子入太廟，每事問。或曰：「孰謂鄹人之子知禮乎？入太廟，每事問。」子聞之，曰：「是禮也。」

太廟就是周公廟。孔子進了周公廟，對每一項禮器和擺設都要發問。有人就說：「誰說這一位鄹邑的年輕人懂禮啊，他在周公廟裡對什麼都要發問。」「鄹人之子」四個字表明，當時人們已經知道孔子的父親是叔梁紇，母親是顏徵在，而且他父親當過鄹邑大夫。

這種說法被孔子聽到了，就說：「這樣就是禮。」禮的詳細內容非常複雜，所以我們詢問每一樣東西，就是要使它的意義呈現出來，這才是禮。如果到一座廟裡，你什麼都不懂又不好意思問，那就永遠不懂。如果你很客氣地請教師父，這邊爲什麼擺一個鐘，那邊爲什麼擺一根柱子，他爲你一一解釋，每一樣東西以及整座廟的設計才顯示出意義。

「知之爲知之，不知爲不知，是知也。」很多人去教堂，假裝知道一直點頭。我勸大家讀一讀《聖經》，這不是傳教，是希望大家了解西方文化。第一要看《聖經》，第二要看希臘的神話與悲劇。假如沒有看過希臘的神話與悲劇而去讀西方文學作品，根本不知道它在講什麼，因爲裡面是有典故的。

子曰：「射不主皮，為力不同科，古之道也。」

「皮」，在古代指箭靶。孔子說：「射箭不只爲了射中箭靶，徵用勞役不能採用單一標準，這些是古代的作風。」

「爲力不同科」，古時候徵用勞力，按每家人口多少分爲上、中、下三科。如果一家有三個壯丁就出一位，有五個壯丁就出兩位，按照比例來。如果不分科，要求每家都出一個壯丁，沒有兒子的人家沒辦法，女兒就要像木蘭一樣從軍了。孔子感嘆以前是比較公平的，到他那時候已經開始抓壯丁了。

子貢欲去告朔之餼羊。子曰：「賜也！爾愛其羊，我愛其禮。」

子貢想要廢除告朔之禮所供的活羊。孔子說：「賜啊，你不捨得那隻羊，我不捨得那種禮。」

孔子很珍惜禮，子貢卻認爲，用於告朔之禮的羊是白白浪費的，不必那麼重形式。什麼叫「告朔」？天子每年頒給諸侯曆法，規定每月初一就是朔日，必須告朔於祖廟，以示尊君與敬告祖先。因為古代沒有方便的年曆和月曆，就由天子統一頒發。後來沒有人在乎天子了，就不再舉行這種儀式，諸侯只是每月初一到祖廟裡拿月曆，知道自己還屬於周朝。周朝其實已經名存實亡了。

但是孔子認為，只要禮還在，每月初一大家就會想起來：雖然各國各自為政，我們還是同屬一個周朝啊。禮本身雖然是形式，並非完全沒有意義，可以提醒我們不要忘記其內涵。

3. 樂其可知

子曰：「《關雎》，樂而不淫，哀而不傷。」

這裡的《關雎》不是指一首詩，而是幾首，包括〈關雎〉、〈葛覃〉、〈卷耳〉等。孔子說：「這幾首詩的演奏，聽起來讓人快樂而不至於沉溺，悲哀而不至於傷痛。」

「樂而不淫，哀而不傷」八個字，與思想沒有關係，而與情感的真誠有關。

《詩經》是文學，重點不在於思想，而在於眞實情感。但是眞實情感要「發而皆中節」，能夠協調，否則會「樂而淫」。「淫」原指降雨太多，有過度的意思。「樂而不淫」，指快樂不要過度，而一般人往往會樂不思蜀、樂極生悲。「哀而不傷」，是說可以哀，但是不要傷到自己。

子語魯大師樂，曰：「樂其可知也：始作，翕如也；從之，純如也，皦如也，繹如也，以成。」

這裡講一種音樂製作的形式。孔子告訴魯國大樂官有關音樂的原理，他說：「音樂是可以了解的，開始演奏時衆音陸續出現，顯得活潑而熱烈，接下去衆音和諧而單純，節奏清晰而明亮，旋律連綿而往復，然後一曲告終。」

子謂《韶》，「盡美矣，又盡善也。」謂《武》，「盡美矣，未盡善也。」

一般人把美當作形式，把善當作內容。這是簡單的解釋，但是有時候不見得很理想。美代表形式，譬如樂曲的演奏，只要有好的樂官，樂曲作得好，一定可以達到美的要求。善代表內容，還要看樂曲所表達的內容是不是盡善。

古代樂曲很多是歌頌帝王的。《韶》歌頌舜，《武》歌頌周武王。舜是堯的女婿，也是堯的代理者，替他攝政二十八年，堯死之後舜才接受位子，主政總計五十多年。古時候有種說法——「堯天舜日」，百姓都享福。《韶》歌頌舜，眞是盡善盡美，讓人想起了舜的各種作爲，五十多年的教化，百姓都得到舜的照顧。可是周武王的功勞在於打仗，勝利之後沒幾年他就死了，所以《武》樂「盡美矣，未盡善也」。

儒家的藝術觀不容易講清楚。從這篇文字看，美是就樂曲的創作與演奏而言，善是就樂曲所描述的人物與成就而言。

4. 君子之風

子曰：「君子無所爭。必也射乎！揖讓而升下而飲。其爭也君子。」

孔子說：「君子沒有什麼可爭的，如果一定要有，那就是比射箭吧。比賽時，上下台階與飲酒，都拱手作禮，互相謙讓，這樣的競爭也是很有君子風度的。」

「必也」，是一種說話的方式，構成假設語句。對「揖讓而升下而飲」，有人在「揖讓而升」後加逗號，其實不必。古時候的射箭比賽，選手必須上到台階上規定的位置才能射箭。上下台階和飲酒都要「揖讓」，表示競爭時也有禮讓的態度，這是一種君子風度。

子曰：「管仲之器小哉！」或曰：「管仲儉乎？」曰：「管氏有三歸，官事不攝，焉得儉？」「然則管仲知禮乎？」曰：「邦君樹塞門，管氏亦樹塞門。邦君為兩君之好，有反坫（ㄉㄧㄢˋ），管氏亦有反坫。管氏而知禮，孰不知禮？」

孔子說：「管仲的見識與度量太小了！」有人問：「他是不是節儉呢？」孔子說：「管仲有三處公館，手下人員不必兼職，怎麼算得上節儉呢？」這人再問：「那麼他懂得禮嗎？」孔子說：「國君在宮殿的大門內設屏牆，管仲的公館也設屏牆；國君爲了宴請友邦貴賓，在堂上設有放置酒杯的土台，管仲也安置了這樣的土台。管仲這種作爲如果算是懂得禮，那麼還有誰不懂得禮呢？」

子曰：「居上不寬，為禮不敬，臨喪不哀，吾何以觀之哉？」

孔子批評一些做官的人，說：「身居上位而不寬大，舉行禮儀而不恭敬，參加喪禮的時候不悲哀，這種人我要怎麼看他呢？」

卷五

里仁第四

仁者由內而發，通過眞誠自然了解正道；智者需要學習，通過理性發現仁才是正道，利於自己做一個眞正的人。

1. 里仁為美

子曰：「里仁為美。擇不處仁，焉得知？」

孔子又談美了。這不是美學意義上的美，而是指值得欣賞，美不指美麗，而是代表理想。很多好的行爲都值得欣賞，美變成了一種道德評價。里仁爲美，「里」是所居住的地方，「仁」指民風淳厚，顯得很理想。

孔子說：「居住在民風淳厚的地方是最理想的；一個人選擇住處而錯過了民風淳厚的地方，怎麼算得上明智呢？」現在很多家長都喜歡搬遷到好的學區，就是這種考慮，要學孟母啊。

2. 仁者安仁

子曰：「不仁者不可以久處約，不可以長處樂。仁者安仁，知者利仁。」

孔子說：「不行仁的人，沒辦法持久處在困境中，也沒辦法長期處在順境中。行仁者是自然而然走上人生正道，明智者則是了解了人生正道的重要而做此選擇。」

「不仁者」，我特別翻譯成「不行仁的人」。不加「行」字，容易作二分法：有一種人是不仁的，那就沒希望了；另一種人是仁者。孔子不作這種二分法。

仁包括三個層次（頁23），第二個層次是人之道，擇善固執。假如一個人沒有「固執」，在困境裡就很容易放棄，在順境裡就很容易耽溺。所以孟子說，大丈夫要「富貴不能淫，貧賤不能移，威武不能屈」。

仁和智的差別是：仁者由內而發，通過眞誠自然了解正道；智者需要學習，通過理性發現仁才是正道，利於自己做一個眞正的人。

子曰：「唯仁者能好人，能惡人。」

孔子說：「只有行仁者能夠做到喜愛好人，厭惡壞人。」

爲什麼呢？因爲他無私。一般人喜歡自己的朋友，厭惡自己的敵人。萬一自己的朋友是壞人，你也很難討厭他；萬一自己的敵人是好人，你也很難喜歡他。要一個人沒有私心，實在很難。

假如我們的朋友犯錯了，怎麼辦？朋友希望我支持他，我問他，你有沒有做過這件事呢？他說，你要相信我呀。我說，那受害者怎麼辦呢？這是人生中兩難的問題。

千萬不要以爲孔子的理想容易實現。他關於仁者的標準很高。仁者要做到無私，將善作爲唯一的考量：只要是好人，你就要喜歡他，不管他是不是政敵、情敵或者其他對手；只要是壞人，你就要討厭他，不問是不是親戚、鄰居、同學。這眞是很少人能夠做到的。

子曰：「苟志於仁矣，無惡也。」

孔子說：「一個人只要立志行仁，就不會做壞事了。」

仁和惡是相互矛盾的兩個概念。「閑邪存其誠」（出自《易傳》），說明防範邪惡才能保存內心的眞誠。人性向善，只要眞誠，一定會與邪惡勢不兩立。

3. 知識辨析

對《論語》這本書，可以自己細讀，還可以看我的解讀。因爲我讀《論語》有幾十年了，讀了上百家注解，這樣比較放心。

不過恐怕將來還會有人質疑。比如「自行束脩以上」，我翻譯爲「從十五歲以上的人」，別人會問什麼理由。我們至少要能說服自己。這些和別人不一樣的解釋不多，有十一、二處，其他都是大同小異。至於別人怎麼講，我其實沒有什麼看法，因爲這些不涉及儒家思想的根本問題。

也有比較重要的問題，譬如，子曰：「克己復禮爲仁。」有兩種翻譯：一種是，孔子說，自己有問題也要克制；另一種是，孔子說，自己是主體，能夠做主。兩者是完全不同的理解，引起了許多爭論。

讀《論語》時，還要注意讀音問題。讀古文，讀音很難做到完全標準，不過至少要按照大家的習慣方式來讀。余秋雨先生曾經讀「仁者樂（ㄌㄜˋ）山，智者樂（ㄌㄜˋ）水」，被人嘲笑，後來有記者問我，我說這其實沒有什麼好嘲笑的。我們小時候都是讀「仁者樂（ㄧㄠˋ）山，智者樂（ㄧㄠˋ）水」，到底如何理解呢？假如理解爲仁者以山爲樂（ㄌㄜˋ），智者以水爲樂（ㄌㄜˋ），爲什麼一定要讀成樂（ㄧㄠˋ）呢？有些人不以爲然，認爲我是爲余秋雨辯護。我爲什麼要辯護呢？只是就學術論學術。我們不可能要求現代人和古人讀法完全一樣，另外，孔子是山東人，他的發音會和你一樣嗎？

詞語的讀音本來就是約定俗成，大家能聽懂就好了。當然，如果把虛與委蛇（ㄨㄟ ㄧˊ）讀成虛與委蛇（ㄨㄟˇ ㄕㄜˊ），那就太離譜了。大家都知道這個詞是破音，有不同讀法。我們要知道一般讀法。譬如：

子曰：「士志於道，而恥惡衣惡食者，未足與議也。」

這裡要讀「惡（ㄜˋ）衣惡食」，「惡」表示醜陋、簡陋。但是「惡」作動詞時，就不能客氣了，讀「惡（ㄨˋ）」，厭惡。

我把「道」翻譯爲人類理想，代表人類共同的路。儒家經典中很多名詞意思很接近，孔子志於道，也志於仁，也志於學，所以說他的「志」有三點內容。

道和仁都作爲立志的對象。道是人類共同的正路，只要是人，就一定要走上正路；也可以翻譯爲人生理想，希望這個社會越來越完美，個人越來越完美。仁是個人的人生正路。孔子說，仁離我很遠嗎？「我欲仁，斯仁至矣。」他可以殺身成仁，並且說「朝聞道，夕死可矣」。可見，道和仁有相互重疊的地方，個人的正路一定要符合人類的正路。不過人類的正路太寬泛，不能體現個別的處境，比如活在不同的環境中，遇到特殊的狀況，個人的抉擇就不一樣。譬如，道相當於馬，仁相當於白馬，也說不定是黑馬或者黃馬。這就是道和仁的區別。

學習哲學，首先需要澄清概念，仔細分辨哲學家用的每一個詞，才會產生經過思慮的行爲表現。

子曰：「君子之於天下也，無適（ㄉㄧˊ）也，無莫（ㄇㄨˋ）也，義之與比（ㄅㄧˋ）。」

「適」，指排拒，與他人爲敵；「莫」，指貪慕。「比」，代表比肩而行，譬如與朋友相處得好，相互投緣。這句話意思是：君子不是非要怎樣，也不是非反對什麼，而是與道義並肩而行。

孔子說「君子周而不比」，「小人比而不周」，這裡的「比」字不一樣，解釋爲：我只偏愛我的少數幾個朋友，不像君子普遍尊重每一個人。一般人都喜歡老朋友，覺得親切可靠，讓他用同樣方式對待陌生人，則不太可能。但是因緣巧合，陌生人也可以成爲朋友；因緣不湊巧，陌生人也有可能成爲敵人。所以應該尊重每一個人，這是君子的立場。

可是孔子也說過，如果父親偷羊，兒子會替他隱瞞，這和仁者的做法是不是矛盾呢？其實仁者是一種普遍理想，行善避惡沒有私心，而父子是特定關係。儒家強調：如果忽視人的這種親情，只剩下社會正義，人與人之間就沒有任何情感，個個刻薄寡恩；情感不能泛濫，只有父母子女之間的情感是唯一、特別的。人間只有這一種情感是不可逆的，儒家從來不質疑這一點。

什麼叫不可逆的情感？兄弟可以打架，朋友可以絕交，夫妻可以離婚，但是如果子女與父母反目成仇，儒家完全不能接受。父親打兒子，兒子不能還手，只有這種關係不可逆。有人說不公平，其實有什麼不公平可言呢？是父親生了兒子，不然就沒有兒子了。做兒子的不要著急，將來自己也會做父親，不可逆的原則仍然有效。

如果說人生的所有關係都是可逆的，就變爲純粹的個體主體。西方人可以用「大義滅親」這個詞，因爲他們奉上帝的命令，大家都是上帝創造的，生命是獨立的，父母只是生養兒女的因緣。中國人不是，我們強調每個人都在生命的網絡中慢慢成長，其他可以缺少，父母絕對不能少。

有個向來爭論不休的大問題。假如父母生下兒女，卻把他們丟到孤兒院，看他們長大後有了成就，又要相認，這時兒女還應該孝順嗎？不一定。因爲這種情況違反人的自然情感。因爲父母沒有養育兒女一天，只是提供精子、卵子生下了兒女，只是血緣關係；而孤兒院的保姆把這兒女養大，相當於眞正的父母。對於給予身體的親生父母，可以要求兒女用錢財贍養，要讓兒女發自內心地去愛他們，不容易做到。因爲情感需要眞誠，是勉強不來的。

在希臘悲劇中，安提戈涅（Antigone）的哥哥死了，她如果埋葬哥哥，就違反了舅父（國王）的決定，如果不去埋葬哥哥，哥哥就要暴屍荒野，這個做妹妹的該怎麼辦呢？最後她寧可自己死也要埋葬哥哥，從而演變成了大悲劇。長輩這樣對付晚輩，從人倫角度講是最可怕的。

《孟子》裡有一段故事。孟子和一個人做朋友，這人叫匡章。學生們都問孟子，全國人都說匡章不孝，你幹嘛跟他做朋友呢？孟子說，匡章並沒有一般所說的五種不孝。

第一種不孝，「惰其四支，不顧父母之養」（出自《孟子．離婁下》），手腳懶惰，不去賺錢，不管父母的生活；第二種不孝，「博弈好飲酒，不顧父母之養」，喜歡賭博飲酒，不管父母的生活；第三種不孝，「愛貨財，私妻子，不顧父母之養」，喜歡錢財，愛護自己的妻子兒女，不管父母。前三種不孝，都涉及父母的贍養問題，說明古人有養兒防老的觀念。第四種不孝，「從耳目之欲，以爲父母戮」，在外面吃喝玩樂，放縱耳目之欲，做了壞事，甚至被抓被關被嘲笑，使父母遭受恥辱。第五種不孝，「好勇鬥狠，以危父母」，子女好勇鬥狠，與別人打架，讓父母承擔危險，因爲別人被打敗後可能火燒他的房子，那不是置父母於危險之中嗎？

這五種不孝，匡章完全沒有。他父親是貴族，他自己是齊國的大將軍，曾經帶領齊軍打入燕國。後來很不幸，家裡發生了悲劇，他母親不知犯了什麼錯，被他父親逼死了。父親把母親埋在馬廄下，不讓人安葬她。做兒子的該怎麼辦呢？匡章一直對他父親說，母親已經死了，安葬了她吧！他這樣說了幾次，就被父親趕出家門，斷絕了父子關係。沒辦法，匡章就把自己的妻子、孩子送回岳父家。他想，我既然不能侍候我父親，就不能讓我的妻子、孩子侍候我，不然我心裡更加不安。孟子了解匡章，照樣和他做朋友，因為他不是不孝，只是方法不對。

父母子女之間怎樣做才對呢？四個字「不相責善」，不要以善來互相責備。譬如，父親做了一件事，匡章認為不好，但是做兒子的沒有權利和資格對父親說你必須改，只能建議。

子曰：「事父母幾諫，見志不從，又敬不違，勞而不怨。」

「幾」即委婉，「諫」即勸阻。服侍父母時，發現他們將有什麼過錯，要委婉勸阻。父母也是平凡人，也會有過錯的。

譬如，一個人小時候不知道，長大受了教育之後發現，父親做走私生意，就對父親說，你怎麼做走私生意呢？父親說，不做這些生意，怎麼養活你？供你讀大學的學費就從這兒來的！這時做兒女的不能對父親翻臉，應該委婉地勸阻，假如自己的心意不被接受，還得恭敬以對而不觸犯他，內心憂愁但是不去抱怨。這是儒家的立場。

從孔子開始，就明白父母很平凡，可能犯錯。有一句話講「天下無不是的父母」。孔子、孟子會這麼說嗎？當然不會，這話是宋代學者羅仲素說的。有些人講了很多話卻不知道自己在說什麼。天下怎麼會有「無不是的父母」呢？對子女而言，天下沒有不愛護子女的父母，這有可能成立，但也不是儒家的想法。

儒家希望子女發現父母有問題，要直言進諫，勸父母不要做壞事，但要適可而止。匡章不懂儒家思想，不知道對父母要求不可過度。孟子爲他感到可惜。

《孟子》談到《詩經》中的兩首詩，第一首叫〈小弁〉，第二首叫〈凱風〉。對於〈小弁〉一般的解釋是，周幽王寵愛褒姒，褒姒生了兒子，周幽王就要把長子廢掉甚至殺掉，大家說這實在不應該。這首詩是寫兒子對父親的抱怨，因爲父親做的事情太可怕了，將來會受世人的唾棄。

〈凱風〉之詩呢？是講春秋時代的衛國淫風大盛，淫風表示社會比較開放。有一個母親生了七個兒子，還在談戀愛。古時候女子十六歲就結婚了，兩年生一個孩子的話，生了七個也不過三十幾歲，還很年輕。〈凱風〉之詩就描寫七個孩子多麼孝順，希望母親覺悟，既然孩子這麼孝順，理應好好過家庭生活，何必去談戀愛。這首詩中的兒女沒有抱怨。不過現代人聽了，還是覺得有點荒謬：母親也是獨立個體，孩子孝不孝順與母親要不要談戀愛，根本是兩回事，難道做父母的不能追求自己的幸福嗎？

儒家認爲，如果父母的罪過很大，一定要抱怨，不然就等於讓父母犯錯，將來被人家嘲笑；如果父母過失很小，不要抱怨，如果不能稍稍忍耐，只要父母有點錯就立刻吵架、翻臉，就是不孝。儒家所謂的孝順，顯然需要判斷的智慧。

義之與比

說到智者，爲什麼以水爲樂呢？水遇山就繞過去，遇到低窪處就溢滿，最能配合外在環境來調整自己。我們要增長智慧，光有仁德是不夠的。

孟子區分得很好，他說，和孔子一樣有仁德的人很多，但和孔子一樣有智慧的人幾乎絕無僅有。他稱孔子爲「聖之時者也」，「時」就是適當的時機。孔子總是該怎樣就怎樣，善於判斷和變通。

天下努力做好人的眞有很多，並不是都懂得變通。譬如伯夷，只是清高，不夠隨和；柳下惠，只是隨和，表現不出清高；伊尹很負責任，但是太累了點。孔子不一樣，該清高就清高，該隨和就隨和，該負責就負責。這是儒家最精采的地方。

這也涉及「義」字。「義之與比」，一切要依義。一般講，「義」代表適宜、適當性、正當性，配合時空的特定條件。任何事是否具有正當性，都要視情況而定。譬如，對於信用問題，孟子說過「大人者，言不必信，行不必果，惟義所在」，可見他得了孔子的眞傳。如果守信對別人沒有好處，造成災難，這時候就不必守信。但也不能隨便不講信用，要以「義」爲主，來作合理判斷，結果自己負責。只要有正確的判斷，不怕別人說我不守信，因爲我避開了更嚴重的問題與更可怕的後果。

眞正的學者很少被同時代的人了解，就如莊子所說，我希望將來千載之後有人了解，就如「旦暮遇之」，從早上到晚上就了解了自己一樣。何必在乎時間呢？從司馬遷開始，哪一個人沒有誤會莊子？開始有人講莊子接近自然，一切順其自然。其實順其自然的人多了，隱居山中的都是。後來有人認爲莊子消極，在魏晉時代講到老、莊、易三玄，甚至說「其罪浮於桀紂」，罪過比夏桀、商紂還大。太離譜了！莊子一個人笑傲山林，而夏桀、商紂殺了那麼多人，天下混亂難道都要莊子負責？後來的朝代崇尚清談，不務實際，到最後「五胡亂華」，天下大亂，又怪罪某個思想家。試想，莊子眞是消極無爲嗎？莊子只知道批評儒家、墨家嗎？當然不是！

人性本善？

再說儒家，現在有人還在講「人性本善」，認爲那是儒家思想。《三字經》第一句「人之初，性本善」，假如被孔子、孟子聽到，他們也不能接受。這完全不是儒家思想。第一個把孟子的「性善」解釋爲「性本善」，並加以嚴厲批判的，是荀子。《荀子．性惡篇》至少有四次指出孟子曰「性善」，把它講成「性本善」，再批判其荒謬之至。荀子講，如果人性本善，爲什麼還需要教育呢？他的邏輯是對的，但是誤解了孟子。

宋代朱熹也說孟子講的是「性本善」，並且責怪孔子講「性相近」是講錯了。朱熹的注解看了讓人生氣。宋代學者欺人太甚，竟然說「性相近」是亂講。

程頤說孔子講得不到位，根本沒講清楚；性就是理，理無不善，所以人性本善，一定相同，「何『相近』之有哉？」這種對孔子的誣蔑，讓讀《論語》的人難以接受。

孔子不是神，說的話不見得每句都對，但是孔子作爲哲學家，有他的哲學體系，不可能說「人性本善」這麼愚蠢的話。現在全中國幾千萬小孩子又念「人之初，性本善」，但是打開報紙可能會有殺人放火的新聞，上網可能會遇到騙錢的人，這種教育有什麼意義？爲什麼要教孩子錯誤的思想？從小相信「性本善」，長大了更難理解這個社會，更容易產生失望甚至絕望的想法。

宋代末期的學者講「人性本善」，是受朱熹的影響套上了桎梏。難道我們今天還要受這種影響？《三字經》的第一句「人之初，性本善」錯了，第二句「性相近，習相遠」才對，這兩句確實相互矛盾。我認爲只有一個辦法，把第一句話改爲：人之初，性向善。這是我個人的解釋，還是眞正符合孔孟的思想，大家可以判斷。

我希望全國的學者進行辯論，憑什麼說「人性本善」呢？兩千六百多年的西方哲學史，沒有一個哲學家說「人性本善」，難道西方人都愚笨，都不用功嗎？

他們的哲學是亂講的嗎？其實西方哲學家觀察人生比我們還要深刻、完整。中國宋代學者大聲疾呼「人性本善」，殊不知這句話不是一種思考，而是一種信仰。可以說人性本善，可以說人有原罪，都是一個水平的信仰，信就好了，不必討論。但是孔子講的是哲學，如果把哲學說成信仰，實在無可原諒。

如果講儒家主張「人性本善」，請定義「本」和「善」？沒有人講得清楚。新儒家的首要代表牟宗三先生說，所謂「人性本善」，並不是指人生來就是善的，而是指人與動物的差別在於，人有分辨善惡的能力以及行善避惡的要求。這叫做「人性本善」嗎？這叫做「向善」嘛！這只是表明人有道德的自覺，並不等於人有道德。學邏輯學的牟先生很清楚，將「人生下來就是善的」這一論斷拿到西方哲學界論證，會發現根本不能成立。對外國哲學家講「人性本善」，說："Human nature is born with goodness." 他們聽了會昏掉。人性怎麼會生來善良？這是非常嚴重的混淆。人性是一個事實，每個人生來就具有人的本性；但是「善」是一種價值，必須經過自由抉擇才能呈現。把人性與價值混淆，等於把價值變成事實。假如有人說，人性有善端，到一定年紀時就表現出善了，也是不合理的。

良知是善的嗎？大家平時想當然爾，其實上當了。良知本身不是善的，而是對善的要求。明代王陽明就說：「知善知惡是良知，爲善去惡是格物。」善惡是要「爲」的，良知只是知道善惡，知道行善的要求。王陽明是很了不起的，古人的書不可以不讀，更不能只讀朱熹不讀王陽明。

王陽明也有他的問題，就是受佛教影響太深了。著名的「天泉論道」留下心學四訓：「無善無惡心之體，有善有惡意之動；知善知惡是良知，爲善去惡是格物。」第一句「無善無惡心之體」，明擺著是佛教思想。他認爲心的本體是空的，不具有任何實際、執著的對象，根本沒有任何行動，所以無善無惡。不過他認爲善惡不是與生俱來的，而是一種需要在行動上實現的價值，這一點是對的。

4. 超越自我

子曰：「君子懷德，小人懷土；君子懷刑，小人懷惠。」

孔子說：「君子關心的是德行，小人在乎的是產業；君子關心的是規範，小人在乎的是利潤。」「刑」在這裡不是刑法，而是規範。

我把儒家的價值觀分為三個層次，第一為自我中心，第二為人我互動，第三為超越自我。譬如，「君子周而不比」，超越自我了；「君子和而不同」，超越自我了；「君子泰而不驕」，「君子坦蕩蕩」，這都是超越自我。儒家君子的典型一定要超越自我，不能只在人我互動中打轉。

5. 一以貫之

子曰：「賜也，女以予為多學而識（ㄓˋ）之者與？」對曰：「然，非與？」曰：「非也，予一以貫之。」

——〈衛靈公第十五〉

讀《論語》一定要前後聯繫，整體理解。《論語》的編排顯然有問題，翻到後面發現，序曲在這裡。

子貢是言語科的高材生，很聰明。孔子說：「賜啊，你認為我是廣泛學習並且能記住各種知識的人嗎？」子貢回答說：「是啊！難道不是這樣嗎？」孔子說：「不是的，我有一個中心思想，用來貫穿所有的知識。」

子貢的了解很表面化。他看到孔子對《詩》、《書》、《易》等經典很熟悉，講課時倒背如流，就以為孔子是「多學而識之」。可是孔子是哲學家，他的思想一定有一個核心，有一個系統，有一個一以貫之的中心思想。否則，他的學說必有矛盾之處，又憑什麼教別人呢？大家提問的方式不一樣，角度不一樣，他的回答就可能自相矛盾。

我在浙江圖書館演講，有一個人問我對荀子的評價。我對荀子從來沒有好感。荀子號稱儒家，對孟子嚴厲批評，這屬於學派內部的競爭，但是他教出的兩個學生無可原諒，第一個是李斯，第二個是韓非。假如荀子是眞正的儒家學者，兩個學生怎麼都是法家？李斯當過秦始皇的宰相，做了很多壞事；韓非是法家的集大成者，思想整個變調了。

我認為荀子不值得特別推崇，他的思想不成系統。一方面，他是儒家，懂得孔子的教育與孔子的原則；另一方面，他接受了老莊思想，尤其是老子的思想。

老子是道家，道家的道與孔子的道完全不同。**孔子的道是人文主義的，以人**

爲核心，所以我們常說孔子的道是人類共同的理想。而**老子的道是一個比較超越的概念，代表宇宙和人生的來源與歸宿**。孔子的天是最高的概念，所以他要「五十而知天命」；老子的道也是最高的概念。

荀子受到兩方面影響，卻無法整合，就把道當作禮。禮就是一種標準，在生活中用以衡量善惡、是非。他說「百王之所同」，歷代帝王都尊奉相同的禮，但是「未有知其所由來者也」，沒有人知道禮是怎麼來的。按荀子所說，每個人都性惡，聖人怎麼會出現？荀子說聖人比較聰明，通過經驗和觀察逐漸獲得教訓，從中找出方法來制禮。

孟子不一樣，他歸之於天。我認爲，寧可一個哲學家有一個天，概念不必太清楚，但是不能沒有來源。在孟子看來，只要眞誠，人的本性就有向善的力量。孟子說：「待文王而後興者，凡民也。若夫豪傑之士，雖無文王猶興。」（出自《孟子・盡心上》）等待周文王出來才振作的是平凡百姓，眞正的豪傑即使沒有周文王，自己照樣振作。孟子又說「人人有貴於己者」，每個人身上都有可貴之處，即使一字不識也沒關係。這是眞正的儒家思想，即人性向善。

後來發生了宋代陸象山和朱熹的辯論。朱熹認爲，一個人要好好格物窮理，好好讀書，書讀得不夠就不可能懂理，就沒有希望成為君子和聖人。而陸象山說，我即使一字不識，照樣可以做一個堂堂正正的人。這話講得多麼直接，只要眞誠，文盲怎麼就不能堂堂正正呢？

陸象山和後來的王陽明合稱「陸王學派」，可惜，他們講不出「向善」這兩個字。我實在覺得遺憾，只好自己來講了。為什麼講不出來呢？因為他們不太敢於思考什麼叫做本質，什麼叫做動力。

一般人的思考都是本質觀，馬有馬的本質，人有人的本質。受過西方哲學訓練的人，了解經過康德一直到存在主義，把人當作一種有選擇的可能性，要做動態的抉擇。沙特講，存在先於本質，存在是選擇成為自己的可能性，本身是動態的。我可以選擇成為自己，也可以選擇不成為自己，我有什麼樣的選擇，將來就有什麼樣的本質。讀存在主義的書，就知道不能講人具有某種本質，因為本質是固定的，一旦去掉就沒有了。

我學習了西方哲學之後，回頭看孔孟思想，才明白他們了不起，眞是天才啊！孟子沒有講出「向善」的「向」字，但是他有很多比喻：水向下流，火向上燒，野獸奔向曠野。「向」字在他的比喻裡。

後代學者中有「陸王學派」，即陸象山與王陽明；還有「程朱學派」，即程頤和朱熹，朱熹掌握了這一學派的發展，因爲他學問大、學生多。王陽明開始是讀朱熹的書，後來與朱熹分道揚鑣了。他十八歲時，曾按朱熹說的去「格物」，格竹子格了幾天就生病了，說光竹子就格了幾天，如果像朱熹所說要格萬物，格完我還有命嗎？什麼時候才能做君子呢？後來他認可陸象山，因爲陸象山簡單直接，認爲每個人的內在都有尊貴的部分。

每個人尊貴的部分是什麼呢？

孟子講「心」，他說：「心之官則思，思則得之，不思則不得也。此天之所與我者。」（出自《孟子・告子上》）這樣完成了他的理論。心的功能是思考，一思考就知道人生該怎麼走，不思考就不知道該怎麼走。這是上天給我的。

回到這一章，子貢以爲孔子只是「多學而識之」，孔子很不滿意，「非也，予一以貫之。」這件事情同學們肯定都知道。後來孔子又拿這個問題問曾參，想做一個教學示範，卻找錯了人。這是一個失敗的案例，但是特別重要。

子曰：「參乎！吾道一以貫之。」曾子曰：「唯。」子出，門人問曰：「何謂也？」曾子曰：「夫子之道，忠恕而已矣。」

孔子本來想，我今天上課，找一個最笨的年輕學生來提問，他肯定會問我「何謂也」。求知的最好方式就是問「何謂也」，不懂就問。比如樊遲，從「遲」字可見他也比較遲鈍，但他是一個不懂就問的好學生。

孔子說：「曾參，我的人生觀是由一個中心思想貫穿起來的。」曾參說：「的確如此。」糟糕了，孔子的反應多激烈啊，「子出」——孔子立刻噌地離開了教室。我的翻譯還算溫和的。孔子想，連你都懂了，我還教什麼呢？

孔子離開教室後，別的學生就問曾參，老師所指的是什麼？這問題本應該由曾參請教孔子，現在變成學長們請教曾參了，眞是悲劇啊！曾參就亂講了：「老師的人生觀只是忠與恕罷了。」（It's nothing but Zhong and Shu）是不是讓人感到奇怪？老師這麼嚴肅看待的人生觀，竟然被曾參說成「忠恕而已矣」。孔子明明說「吾道一以貫之」，你竟然講出「忠」和「恕」兩個字，自己不覺得奇怪嗎？再說，這兩個字怎麼講得盡呢？

曾參比孔子小四十六歲，比子貢小了十五歲，是子貢的小學弟，假設此事發生在孔子六十六歲時，曾參才二十歲。曾參十六歲開始跟孔子學習，當時孔子六十二歲（孔子周遊列國是在五十五歲到六十八歲之間），正好到了楚國，曾參的父親曾點知道老師說過「自行束脩以上」（十五歲以上的人他沒有不教的），就叫曾參去楚國。這個年輕的學生背著行李帶著乾糧，來找孔子學習。到二十歲時曾參在孔子門下才學習了四年，而且是有名的魯鈍的人，「參也魯」，IQ（智商）低。要知道子貢是言語科的第二名，高材生，那麼聰明都被老師直接點名教訓，曾參又憑什麼了解孔子的一貫之道呢？

這是悲劇啊！兩千五百多年來讀書人都把自己當成曾子，考試時把曾子的話當成標準答案，理由是《論語》裡面有。書裡雖然有，也要看怎麼讀，要分辨講話的人當時的年齡、有什麼水平，這樣才能得到讀書的益處和趣味。

對於曾參我還是很肯定的，因爲他到晚年就覺悟了，可以被肯定。但是很多人讀書讀不到後面的部分。

曾子曰：「士不可以不弘毅，任重而道遠。仁以為己任，不亦重乎？死而後已，不亦遠乎？」

——〈泰伯第八〉

曾子說：「讀書人不能沒有恢弘的氣度與剛毅的性格，因爲他承擔重任而路途遙遠。以行仁爲自己的責任，這個擔子還不沉重嗎？直到死時才停下腳步，這個路程還不遙遠嗎？」

「仁」翻譯爲「行仁」，表示一種需要靠實踐來完成的任務。曾子終於覺悟了——仁，才是孔子的一貫之道，直到死而後已都要行仁，並且可以殺身成仁。

讀書時不要盲目崇拜古人，也沒有標準的注解版本，什麼書都是自己直接去讀，去思考當時的情況。如果認爲我的也不一定是標準版本，那就自己考慮吧，可以冒險相信我，也可以提出疑問讓大家參考。

子曰：「富與貴，是人之所欲也；不以其道得之，不處也。貧與賤，是人之所惡也；不以其道得之，不去也。君子去仁，惡乎成名？君子無終食之間違仁，造次必於是，顛沛必於是。」

孔子說：「富有與尊貴，是每一個人都想要的；如果不依靠正當的途徑加於君子身上，他是不會接受的。貧窮與卑微，是每一個人都討厭的；如果不依靠正當的途徑加於君子身上，他是不會逃避的。君子如果離開了人生正道，憑什麼成就他的名聲？君子不會有片刻的時間脫離人生正道，在匆忙急迫時堅持如此，在危險困頓時也堅持如此。」

這段話說明，儒家對於貧賤，反而比較可以接受，對於富貴，反而擔心。因爲富貴容易讓人耽溺於物質享受，而貧賤使人沒有外在依靠，容易走向內心的修養。

儒家講富貴和貧賤兩種境遇，絕不是等距離的，對於平凡人尤其如此。當我們貧賤的時候，比較容易做一個眞實的人；當我們富貴的時候，容易被表面的東西迷惑。常見某些所謂領導或企業界的有錢人，有時候因爲富貴而裝腔作勢，不容易與別人眞誠互動。富貴本來是好事，使他們有能力照顧很多人，讓自己的善擴展到更大範圍。很遺憾，很多人因爲富貴失去了眞誠的心態，得不償失。我平常與別人來往，假如他有點憑藉，或者富，或者貴，或者富貴都有，我心裡就有非常深刻的同情啊！

‧思辨與問答

【學　生】傅老師，「貧與賤，是人之所惡也，不以其道得之，不去也」，反過來，不就是說「以其道得之，去也」嗎？「以其道得之」，為什麼反而要「去」呢？

【傅佩榮】你的邏輯能成立嗎？不能這樣推理。從「不以其道得之，不去也」，不能推出「以其道得之，去也」。何謂邏輯？若P則Q，非Q則非P，這是最簡單的，一個公式就進入了邏輯的世界。譬如，天下雨草地濕，可以推出草地不濕天沒下雨，但是不能說天沒下雨草地沒濕，因為澆水後草地也會濕。

子曰：「我未見好仁者，惡不仁者。好仁者，無以尚之；惡不仁者，其為仁矣，不使不仁者加乎其身。有能一日用其力於仁矣乎？我未見力不足者。蓋有之矣，我未之見矣。」

孔子說：「我不曾見過愛好完美人格的人，或厭惡不完美人格的人。愛好完美人格的人，已經達到最好的極限；厭惡不完美人格的人，他追求完美人格的辦法，是不使邪惡的行爲出現在自己身上。有沒有人會在某一段時期致力於培養完美人格的呢？眞要這麼做，我不曾見過力量不夠的。或許眞有力量不夠的，只是我未曾見過罷了。」

・思辨與問答

【學　生】對第一句話，老師的翻譯是，我不曾見過愛好完美人格者。愛好只是一種趨向，並不說明他是完美人格的人，為什麼孔子連有這種嚮往的人都沒見過呢？

【傅佩榮】先講《孟子》裡的一個故事。孟子有一個學生叫樂正子，魯國準備讓他當大官，當卿，由他來負責政治。孟子聽到後「喜而不寐」，高興得睡不著覺。他似乎從沒有這麼高興過，其他學生就問了，樂正子很剛強嗎？孟子答，不，他並不剛強。學生問，樂正子學問很好嗎？孟子答，不，他學問也不怎麼好。學生又問，樂正子的見識廣博嗎？孟子答，不，他見識也不廣博。學生納悶了，那老師高興什麼呢？樂正子連這三個優點都沒有，他執政了有什麼可高興的？孟子說，樂正子只有一個優點，好善。他又說，「好善優於天下」，天下最好的優點就是好善。

好善，就是喜歡聽取善言。執政者千萬要避免剛愎自用，假如認為自己比別人聰明，那就完了。天下人的聰明加起來，還比不上你嗎？執政者只有一條路可以走，就是開放心胸，讓天下善的言論通通過來！

同樣，所謂愛好完美人格的人，要「念茲在茲」，一天到晚想什麼是完美人格。這樣的人，孔子沒見過。他說「吾未見好德如好色者也」，沒見過一個人喜歡美德像喜歡美色一樣。大家都喜歡美色，喜歡美德的人很少啊！孔子接著說，只要是不完美的人格他就厭惡，這樣的人他也沒見過。

孔子沒見過兩種人，第一種是愛好完美人格的，第二種是厭惡不完美人格的。這話並不極端。真的愛好，一定是「念茲在茲」。孟子真正了解孔子的精神。他說，「雞鳴而起，孜孜為善者，舜之徒也」，聽到雞叫就起床，拚命行善的，是舜這類人；「雞鳴而起，孜孜為利者，跖（ㄓˊ）之徒也」，聽到雞叫就起床，拚命求利的，是盜跖這類人。

孔子接著說，有沒有人會在某段時間致力於培養完美人格呢？真要這樣，我不曾見過力量不夠的。這又是他的一種肯定！但是他講的愛好，需要一直保持孜孜不倦的態度，而不是一時一日。

卷六

公冶長第五

子曰：「老者安之，朋友信之，少者懷之」，此乃根據人性論，來自對人性的規定，來自對善的理解。這是學習儒家的關鍵問題。

1. 知人之明

子謂公冶長，「可妻也。雖在縲紲之中，非其罪也。」以其子妻之。
子謂南容，「邦有道，不廢；邦無道，免於刑戮。」以其兄之子妻之。

孔子談到公冶長，說：「可以把女兒嫁給他。雖然他曾有牢獄之災，但並不是他的罪過。」孔子把女兒嫁給了他。

孔子談到南容，說：「國家政治上軌道，他不會沒有官位；國家政治不上軌道，他可以避免受刑與被殺。」孔子把哥哥的女兒嫁給了他。

傳說中，公冶長是因爲聽得懂鳥語而被冤枉入獄的。有一次在回魯國的路上，公冶長聽到鳥說，青溪有人肉可吃。後來遇到一位老太太，說她兒子沒有回家。公冶長說，你兒子這麼幾天沒回來，恐怕是在青溪。老太太跑到青溪一看，眞是她兒子死在了那裡。她就去報官，說公冶長有嫌疑，因爲是他讓我去青溪的。公冶長被官府抓了，辯解說自己懂鳥語，但是大家都不相信他。再後來，公冶長又聽到鳥說，蓮水邊有玉米可以吃，有一輛裝玉米的車翻了。公冶長對獄卒說，我又聽到鳥語了，蓮水邊有裝玉米的車翻了，你去看看吧。獄卒去了，看到果然如此，才知道公冶長眞的懂鳥語，就把他放了。

・思辨與問答

【學　生】這是個傳說嗎？古代眞有這樣的人嗎？

【傅佩榮】這個肯定是傳説，但是古時有沒有這種人呢？不要以為一定沒有。比如有人問，有外星人嗎？千萬不要以為一定沒有，但也不能説一定有。我個人認為有，就説一下理由。

英國著名物理學家史蒂芬・霍金，行動極為不便，整個人只有嘴巴可以傳達意思。有一次，一個日本記者訪問霍金，問：「霍金先生，有沒有外星人存在？」霍金講話比較權威，說：「宇宙這麼大，你怎麼知道沒有呢？」這個回答最好，以問題回答問題，讓他自己去想。記者問：「如果有，為什麼不來造訪地球呢？」一般人都知道外星人的科技水平遠遠超過地球人，比如飛碟，現在地球人還製造不出來。霍金說：「你怎麼知道外星人沒來造訪過？」接著又說：「當一種星球的文明發展到現在的地球文明水平以上，這個星球的生物就會毀滅自己。」大家知道，目前原子彈的存量可以毀滅地球七次，將來地球很可能就是人類自己毀滅的。假如外星人已經毀滅了自己，他們之前有沒有造訪過地球呢？霍金認為是有的。

第二個資料，在五、六年前，美國國防部發布了一份資料，包括很多影像光碟，以及見過外星人的四百個見證人。把這些綜合起來，下面是我解釋的版本。

在一個星球上有外星人，科技遠遠超過我們，領先幾百年，所以他們很早就自相毀滅了，引發爆炸通通死光了，只有幾架飛碟逃出來，在宇宙中尋找落腳處。外星人來到地球上一看，哎呀，這麼落後！我們早就用科技方法複製人了，地球上還靠兩性交配，太愚蠢了，並且要慢慢相處，太沒效率了。他們有時候抓人用來做實驗。

英國有一家保險公司規定，被外星人綁架可以得到理賠，後來很多人宣稱自己被外星人綁架過。譬如，家門全部上了鎖，經保險公司確認沒人打開過，這個人睡覺時還好好的，經過一個晚上，早上醒來發現肚子上有一道疤，還不知道怎麼被切開和縫合的。這種情況可以申請理賠。外星人不需要觸動地球人的安全裝置，使得地球人的高科技全部失效，他們抓人去解剖，研究生理結構，之後再縫合好，在整個過程中當事人不會有任何感覺。這些事例說明有些人真的被外星人抓去過。

外星人的形象都一樣，因為全是複製而成。他們不需要手腳等器官，一根手指頭就夠了，用來按動機器；不需要吃東西，每人每天一顆維他命，通通搞定。外星人研究過地球人之後有所考慮，如果將自己的科技教給地球人，地球人會更早遭遇自我毀滅的命運，所以他們就不來打擾我們了，繼續坐在飛碟裡圍繞地球轉動，等到飛碟的能源消耗光了，掉下來落在地球的不同地方，外星人死光了，故事也結束了。

這是我根據史蒂芬・霍金的觀點和美國國防部的資料所作的解釋，無論別人同不同意，這是個合理的解釋。宇宙多麼大，千萬不要武斷地說一定沒有外星人。為什麼西方國家不公布外星人的消息呢？那樣會遇到很大的問題。人類該怎麼辦還是小問題，首要問題是：上帝和外星人是什麼關係？到現在為止沒辦法解釋。

《聖經》中記載上帝造人，如果上帝也造外星人，那麼上帝和外星人會是什麼關係呢？我上高中時讀過一本書，作者是瑞典學者馮・鄧肯，寫了《上帝就是外太空人》這本書。我讀的時候感覺太可怕了！書中引用了很多證據，來解釋金字塔、南美洲馬雅文明。有些建築的建造過程，除非有高科技來提供動力，不然沒辦法解釋。還有一些奇怪的布置，比如從高空看有提示停下的石碑，指示飛碟降下，停落在高原之上。《聖經》中描寫上帝出現，有一次是三個人一起出現，頭上都有光圈，好像太空人的氧氣罩。這本書，引起我很多思考。

以上都是可能的解釋。我們只能說，人類現在沒受什麼干擾，大家都平常過日子。幸好外星人的價值觀跟我們不一樣，不會覬覦我們的什麼東西，他們完全看透了，知道一切都算不了什麼。這是現代人的一種理解。

孟武伯問：「子路仁乎？」子曰：「不知也。」又問。子曰：「由也，千乘之國，可使治其賦也，不知其仁也。」「求也何如？」子曰：「求也，千室之邑，百乘之家，可使為之宰也，不知其仁也。」「赤也何如？」子曰：「赤也，束帶立於朝，可使與賓客言也，不知其仁也。」

這段話涉及三個學生，子路、冉有與公西華。孟武伯請教孔子，問這三個人是否達到了仁的標準。三個學生各有專長，做官都不成問題，但是孔子一直強調「不知其仁也」。因爲孔子認爲，仁是一輩子的事情。

仁的三個層次是「人性向善」、「擇善固執」、「止於至善」，沒到「止於至善」，怎麼知道一個人是不是合乎行仁呢？人生在世，有專長就可以做事，做官也不成問題，但是行仁是一輩子的事情，不到蓋棺不能論定。

‧思辨與問答

【學　生】傅老師，孔子說顏淵是仁的，是不是因為顏淵早死？

【傅佩榮】孔子從來就沒有說顏淵是仁的。他說：「回也，其心三月不違仁。」「三月」，指長時間。顏淵的心長時間不背離仁的要求，之後還是背離了；別的學生「日月至焉」，有人幾天，有人幾個月，就背離了行仁的要求。

2. 教學有方

子謂子貢曰：「女與回也孰愈？」對曰：「賜也何敢望回？回也聞一以知

十，賜也聞一以知二。」子曰：「弗如也；吾與女弗如也。」

孔子對子貢說：「你與回，誰比較優秀？」子貢回答說：「我怎麼敢和回相比？回聽到一個道理可以領悟十個相關的道理；我聽到一個道理只能領悟兩個相關的道理。」孔子說：「是比不上，我與你都比不上。」

從這段話可見孔子的教書風格。子貢很客氣，說自己聞一知二，這是最基礎的，而顏淵聞一知十，說明他領悟力很高，能夠全部了解。孔子認為，每個人都有特色，就顏淵的特別之處而言，有時候連自己也比不上。孔子的性格是非常溫和的，總是給學生適當的鼓勵。聽老師這樣說，子貢也不會難過了。

不過，顏淵到底有什麼特別之處呢？

子謂顏淵曰：「用之則行，捨之則藏，惟我與爾有是夫！」子路曰：「子行三軍，則誰與？」子曰：「暴虎馮河，死而無悔者，吾不與也。必也臨事而懼，好謀而成者也。」

——〈述而第七〉

孔子對顏淵說：「有人任用，就發揮抱負，沒人任用，就安靜修行，這只有我與你可以做到吧！」顏淵比孔子小三十歲，但是孔子了解顏淵和自己是一樣的境界，所以才講這話啊！

可是子路聽了受不了，當然不服氣了，就說：「老師率領軍隊的話，要找誰同去呢？」子路的意思是，當然得是我啊。孔子說：「空手打虎，徒步過河，這樣死了都不後悔的人，我是不與他同去的。假如一定要找人同去的話，就找面對任務謹慎而恐懼，仔細籌劃以求成功的人。」

「臨事而懼，好謀而成」，這八個字是我長期的座右銘。

3. 宰我其人

宰予晝寢。子曰：「朽木不可雕也，糞土之牆不可杇也；於予與何誅？」子曰：「始吾於人也，聽其言而信其行；今吾於人也，聽其言而觀其行。於予與改是。」

宰我在白天睡覺。孔子說：「腐朽的木頭沒有辦法用來雕刻，糞土砌成的牆壁沒有辦法塗得平滑。我對宰我有什麼好責怪的呢？」孔子又說：「過去我對待別人，聽到他的說法就相信他的行爲；現在我對待別人，聽到他的說法，還要觀察他的行爲。我是看到宰我的例子，才改變態度的。」

看這一章，發現原來孔子是很天眞的，聽別人說了就相信他會做。或者說宰我口才特別厲害，是言語科第一名，子貢才排第二。「三人行，必有我師焉。擇其善者而從之，其不善者而改之。」孔子從宰我那裡得到一個很好的教訓。

爲什麼白天不可以睡覺呢？因爲古代晚上點油燈很費錢，不大可能晚上念書，所以需要日出而作、日落而息，才合乎養生的原則。學生們只有生病了，才可以在白天睡覺，否則說明這人沒志氣，累了就去睡覺，惹老師不高興。平常宰我一定講了很多好話，讓孔子相信他會努力，結果證明他沒有做到。

不可小看宰我，他是一位很特殊的學生。宰我在《論語》中共出現五次，除了這次，其他分別在〈八佾第三〉、〈雍也第六〉、〈先進第十一〉、〈陽貨第十七〉（參見附錄〈4〉）。除了〈先進第十一〉中孔子說言語科有宰我和子貢，另外四次宰我都是挨罵。尤其是〈陽貨第十七〉中宰我質疑孔子的「三年之喪」有問題，質疑得好，孔子也罵得好，眞是精采之至。當老師的就怕學生不質疑，學生如果有問題就提出來，逼著老師把理論全部講出來。

我對宰我非常肯定，他是一個調皮的學生，卻非常了不起。如果沒有這種學生，老師就沒有挑戰，「教學相長」就不容易做到。後面會逐次講到這一點。

4. 性與天道

子貢曰：「夫子之文章，可得而聞也；夫子之言性與天道，不可得而聞也。」

「文章」，「文」指文獻，對書本文獻方面的了解和解釋；「章」指修養上的表現。

子貢說：「老師在文獻與修養方面的成就，我們有機會聽到。老師關於人性與天道的說法，我們就沒有機會聽到了。」

子貢說得不錯。孔子講人性，就只有一句話：「性相近也，習相遠也。」孔子講到天，「天何言哉」，「知我者其天乎」，這時候身邊往往就是子貢。子貢也聽老師說過「五十而知天命」，很想知道天道到底是怎麼回事。

後代學者認爲，《孟子》發揮了人性論，《易傳》發揮了天道論。很多人對此做過研究，這種說法部分準確。《孟子》中的〈告子篇〉，以談人性爲主，確實發揮了孔子的人性論。

5. 君子言志

顏淵季路侍。子曰：「盍各言爾志？」子路曰：「願車馬衣裘與朋友共敝之而無憾。」顏淵曰：「願無伐善，無施勞。」子路曰：「願聞子之志。」子曰：「老者安之，朋友信之，少者懷之。」

這段話內容非常豐富，特別重要。

孔子坐著，顏淵與季路站在他身邊。孔子說：「你們何不說說自己的志向呢？」君子一定要有志向。子路說：「我希望做到：把自己的車馬衣服與朋友一起使用，壞了都沒有一點遺憾。」可見，子路對朋友道義的重視遠遠超過對財物的重視，天下有幾個人能做到？子路很了不起。不過這種志向有限制，就是他只對朋友好。我們都有朋友，假如只對朋友好，境界還是有限的。

顏淵說：「我希望做到：不誇耀自己的優點，不把勞苦的事推給別人。」「勞」，指勞苦的事；「施」，指加於別人身上。一來一往之間說明顏淵的無私。一個人必須沒有私心，才能夠超越朋友的限制，對天下人都好，成爲所謂的君子——和而不同，周而不比，泰而不驕，矜而不爭，群而不黨，坦蕩蕩。

顏淵的目標是做君子，不只對朋友好，要對每一個人都好。怎樣做到呢？化解自己的私心。爲什麼顏淵在孔子的弟子中排第一？從這裡看，他明顯比子路境界高，他對每個人都一樣好，這是更難做到的。

魏晉時代有個人叫阮裕，他想學子路，並且想超過子路。他在縣城中算是很有錢了，就特別製造了一輛豪華馬車，堪稱全縣最好的馬車。他宣布：任何人借馬車我都借給他。因爲他一心想要超過子路，子路的車只借給朋友，他就要借給所有的人。很多人向他借車，他確實都借了。後來有一個人因爲母親過世了，辦喪事時想向阮先生借馬車，但又想，我跟他不認識，他的五星級馬車怎麼可能借給我呢？想來想去就沒借。這件事傳到阮裕耳中，他立刻把車燒掉了。他燒得好啊！這一燒，就使自己被寫入《世說新語》。他說，我有馬車，但是別人不向我借，那要馬車有什麼用呢？

子路和顏淵談完志向之後，要下課了，這時子路恰到好處地發揮了自己的勇敢。子路說：「希望聽到老師的志向。」如果子路不問，孔子一定不會講。古時候的老師都很矜持的，猶如敲鐘，不扣則不鳴，小扣則小鳴，大扣則大鳴。孔子見子路問了，立刻回答了十二個字：「老者安之，朋友信之，少者懷之。」翻譯爲：「使老年人都得到安養，使朋友們都互相信賴，使青少年都得到照顧。」他沒有說魯國人，沒有說我家鄉的朋友，講的是天下人。

這十二個字是人類在地球上最偉大的理想。

> 儀封人請見，曰：「君子之至於斯也，吾未嘗不得見也。」從者見之。出曰：「二三子何患於喪乎？天下之無道也久矣，天將以夫子為木鐸。」
>
> ——〈八佾第三〉

「天將以夫子爲木鐸」，說這句話的不是孔子的學生，而是一個第一次見面的人，叫做儀封人。封人是古代的官名，即邊疆官員。守儀城的封人請求與孔子相見，並且說：「有名望的君子（即有名的讀書人）來到這裡，我從來沒有不見的。」古時代守關的人都很聰明，因爲他閱人無數，來來往往什麼人都見過。隨行的學生安排他們會面，儀封人出來之後說：「你們爲什麼擔心失去官位呢？天下沒有正道已經夠久了，天將以你們的老師作爲教化百姓的木鐸。」

故事發生在孔子周遊列國的階段，當時他已經在順天命。一個見多識廣的邊疆官員跟他面談之後，居然出來替他說話，說天將以他作爲木鐸。木鐸是金口木舌，金鐸是金口銅舌。所謂金鐸，外面的金口是銅，裡面的鈴鐺也是銅，這樣敲起來聲音很尖厲，說明要打仗了，像空襲警報一樣。木鐸是金口木舌，裡面的鈴鐺是木頭做的，敲起來比較溫和，咚咚咚，代表有人來宣傳教化，說書、講古等等。後來，木鐸就成了老師的代稱。儀封人公開說天，一定是通過與孔子的談話，發現孔子在順天命。這也是孔子順天命的重要論據。

但是孔子的理想有沒有實現呢？當然沒有。使老年人得到安養，使朋友們都互相信賴，使青少年都得到照顧，歷代有沒有人做到呢？沒有！孔子爲什麼提出一個從來沒人做到的志向呢？是他喜歡吹噓嗎？是他顯示英雄氣概嗎？當然不是。

・思辨與問答

【學　生】孔子是要不斷接近，往那個志向努力。

【傅佩榮】說得不錯。不過這只是一種外圍理解。志向本身就是還沒達到、要努力接近的事情。為什麼他選擇這種不切實際，聽起來難以實現的志向？

【學　生】順天命，知其不可而為之。

【傅佩榮】這是他的行為作風。答案我一再地講過，孔子認為人性向善，真誠由內而外引發力量，促使自己去行善。善是我和別人之間適當關係的實現，而天下人都是別人。孔子有這樣的人性論，必定有這樣的志向，不了解這一點，會認為孔子的志向是一句大話。

第二點，孔子的志向是他個人的志向嗎？不是，是每一個人都應該有的志向。只要真誠，任何人都會有同樣的志向。只不過要根據條件，由近及遠地實行。孟子了不起，講出了「老吾老，以及人之老；幼吾幼，以及人之幼」。孔孟就是這樣緊密聯繫的。

孔子能做老師，靠的就是這個志向。一般人說「各言爾志」，沒有高低之分，是因為沒有標準。其實對所有人來說，衡量志向高低，標準來自人性論。使老年人都得到安養，使朋友們都互相信賴，使青少年都得到照顧，這就是天下大同啊。

孔子勝過其他各家，靠的也是這個志向。這個志向可能是空話，也確實是空話，因為從來沒有實現過。但是它有根據，那就是人性論，來自對人性的洞見，來自對善的理解。這就是學習儒家的關鍵所在。對於《論語》如果只是搖頭晃腦朗誦一下，是完全不能領會的。

卷七

雍也第六

孔子講學，一方面要學習古人的綜合經驗，即五經，包含古人智慧；另一方面強調隨時學習世間的各種規範。

1. 心之修練

子曰：「回也，其心三月不違仁，其餘則日月至焉而已矣。」

孔子說：「回的心可以在相當長的時間內，不背離人生正道；其餘的學生只能在短時間內做到這一步。」

仁就是人生正道，代表善。這段話說明孔子認為人的心不等於仁，可見人的心絕對不是本善。人的心是有選擇能力的，有可能違背仁。孔子進一步說「七十而從心所欲不逾矩」，說明七十歲以前的孔子，如果「從心所欲」偶爾會「逾矩」，所以他也需要修練。這都說明，孔子不認為心是本善的。

在《朱子語類》裡，學生問朱熹，孔子對心有什麼看法。朱熹說，《論語》並沒有談到心。其實《論語》中有六處談到心，我們可以聯繫起來思考，會有所收穫。

2. 哲學深意

子曰：「質勝文則野，文勝質則史。文質彬彬，然後君子。」

子曰：「人之生也直，罔之生也幸而免。」

這兩段很有哲學含義。

第一段，孔子說：「質樸多於文飾，就會顯得粗野；文飾多於質樸，就會流於虛浮。文飾與質樸搭配得宜，才是君子的修養。」「質」，質樸、淳樸，指天生的自然狀態，近於眞誠；「文」，指後天的學習與教化成果。讀再多的書，都不應該忘記眞誠；僅僅是眞誠也不夠，因爲不讀書會表現粗野。文與質配合起來，才是君子，稱得上「文質彬彬」。

第二段，孔子說：「人活在世間，本該眞誠，不眞誠而能夠活下去，是靠僥倖來免於災禍。」

「人之生也直，罔之生也幸而免」，這句話可以印證「性相近也，習相遠也」。沒有眞誠而能夠活下去，說明了「習相遠」的可能，後天的習染確實會讓不同的人有不同的表現。大家的人性固然有共同點，否則不能稱爲人，不過只是「相近」，如果人性相同，人性就成爲本質的、固定的，也不能附加善惡價值。

所謂「直」，是指人本來應該眞誠，這樣才有力量由內而發，要求自我做該做的事。但是很多人不能眞誠地活下去，他們考慮外在的利害關係。譬如，大部分人爲了活得比較舒服，就設法按照社會上的普遍想法生活，可能就偏離了人的眞誠這個路線。

不走人生正道的人，要靠運氣活下去，這讓我很感嘆：這個世界不是到處都有碰運氣的人嗎？眞誠的人不是常常上當受騙嗎？不過不要以爲儒家的眞誠是和受騙聯繫在一起的，那樣就太小看孔子了，他絕不是那麼容易受騙的。來看很精采的一段：

子曰：「由也，女聞六言六蔽矣乎？」對曰：「未也。」「居！吾語女。好仁不好學，其蔽也愚；好知不好學，其蔽也蕩；好信不好學，其蔽也賊；好直不好學，其蔽也絞；好勇不好學，其蔽也亂；好剛不好學，其蔽也狂。」

——〈陽貨第十七〉

孔子說：「由，你聽過六種品德和六種流弊的說法嗎？」子路答道：「沒有。」孔子說：「你坐下，我告訴你。愛好行仁而不愛好學習，那種流弊就是愚昧上當；愛好明智而不愛好學習，那種流弊就是遊蕩無根；愛好誠實而不愛好學習，那種流弊就是傷害自己；愛好直率而不愛好學習，那種流弊就是尖酸刻薄；愛好勇敢而不愛好學習，那種流弊就是胡作非爲；愛好剛強而不愛好學習，那種流弊就是狂妄自大。」

孔子告誡子路，你要有德行，千萬不要忽略了學習，要了解世間的規範。要記得「六言六蔽」。「言」，指值得去說的德行；「蔽」，指後遺症。「六言」包括：好仁，好知，好信，好直，好勇，好剛。這都是好的德行，但是如果不學習會導致腦袋不清楚，缺乏智慧判斷，一定會出問題。可見儒家的眞誠絕不是天眞，而是了解人情世故的。

再如《論語》的第一句話「學而時習之」，學習之後在適當的時機去實踐，增加了能力，就不會受騙。

那麼應該學習什麼呢？孔子講學，一方面要學習古人的綜合經驗，即五經，包含古人的智慧；另一方面強調隨時學習世間的各種規範。

衛公孫朝問於子貢曰：「仲尼焉學？」子貢曰：「文武之道，未墜於地，在人。賢者識其大者，不賢者識其小者。莫不有文武之道焉。夫子焉不學？而亦何常師之有？」

——〈子張第十九〉

衛國的公孫朝請教子貢說：「孔仲尼在何處學習過？」子貢說：「周文王和周武王的教化成就，並沒有完全失傳，而是散落在人間；才德卓越的人把握重要的部分，才德平凡的人把握末節的部分。沒有地方看不到文王與武王的教化成就啊！我的老師在何處不曾學習過？他又何必要有固定的老師呢？」

孔子的好學是大家都肯定的。

子曰：「十室之邑，必有忠信如丘者焉，不如丘之好學也。」

——〈公冶長第五〉

孔子說：「十戶人家的小地方，一定有像我這樣做事盡責又講求信用的人，只是不像我這麼愛好學習而已。」

這說明，孔子不限於學習書本，也廣泛學習人間各種道理，了解人情世故。

3. 教育理想

子曰：「中人以上，可以語上也；中人以下，不可以語上也。」

「中人以上」，一般翻譯爲「才智中等以上的人」。這就有問題了。通常情況下，才智上等的人只占百分之十，才智下等的也占百分之十。如果說可以與前者談論高深的道理，不可以與後者談論高深的道理，那麼占百分之八十的才智中等的人，卡在中間不上不下，又該怎樣對待呢？

「以上」，在這裡作動詞用，而上。這段話翻譯爲：才智中等的人願意上進，可以告訴他們高深的道理；才智中等的人自甘墮落，就沒辦法告訴他們高深的道理。把大多數人看作才智中等的人，這才足以表現教育家的理想。再看：

子曰：「唯上知（ㄓˋ）與下愚不移。」

——〈陽貨第十七〉

孔子說：「只有最明智與最愚昧的人是不會改變的。」

如果強調上一篇的分法，這句話的意思就是：中人以上就是最明智的，無須改變；而中人以下是最愚昧的，怎麼教都沒有用。這種解釋肯定不對。

最明智的人爲什麼不會改變呢？因爲他對人生已經有正確的理解，走上了正道，就無須改變。最愚昧的人缺少眞知，一切僅憑僥倖，不能改變也不肯改變。前者不必「移」，因爲他有智慧，已經走對了；後者不肯「移」，因爲他很愚昧，不知道什麼是正路。

將前後兩篇對照看，才能得出正確的解釋。

4. 弟子問仁

樊遲問知。子曰：「務民之義，敬鬼神而遠之，可謂知矣。」問仁。曰：

「仁者先難而後獲，可謂仁矣。」

這是很有名的一段話。樊遲三次問仁，這是其中一次，另兩次於〈顏淵第十二〉與〈子路第十三〉中（參考附錄〔5〕）。

樊遲問老師，什麼叫明智。孔子說：「專心爲百姓服務，做好該做的事，敬奉鬼神但是保持適當的距離，這樣就算是明智了。」這證明孔子肯定鬼神的存在，並認爲應該敬奉它，但要保持適當距離。不要一天到晚麻煩鬼神，該祭拜就祭拜，祭拜完畢你還要盡人事，叫做「務民之義」。

「民」指現在活著的百姓，「鬼神」是已經死去的祖先。「義」，就是指應該做的事。參見〈爲政第二〉中提及的「見義不爲，無勇也」（頁90）。

孔子特別地將「民」和「鬼神」相對照。可見，當時所謂的明智是「不問蒼生問鬼神」。譬如，發生了旱災，現代人會設法修溝渠，改善水利，而古代人就會設壇求雨。我們不反對「問鬼神」，不過，如果鬼神可以解決問題，人何必努力呢？放棄了活人的責任，去麻煩死人，這是非常不適合的。對於鬼神我的看法是，他們是過去的祖先，已經盡了責任，讓他們安息吧！我們現在要盡自己的責任，活著的人不要想什麼靈異事件，應該自己面對困難，設法解決問題。

對此，孔子的態度是非常理性的。每一次談到鬼神，他幾乎都會拿「民」與「鬼神」對照，強調活人與死人的異同。最有名的例子是子路問「事鬼神」的問題，孔子說，「未能事人，焉能事鬼」，不能和活著的人好好相處，怎麼和鬼神相處呢？因爲鬼神是以前活著的人啊。

很多人批評孔子，既然「敬鬼神」，爲什麼又要「遠之」？應該多親近啊。「遠之」，又怎麼表示尊敬呢？他們想用這種兩難法難住孔子，實在可笑。「敬鬼神而遠之」，是指以適當的方式，如每個月祭拜一次祖先，而不是每天拜，否則鬼神也受不了，不得安寧。

樊遲接著請教什麼是行仁，具體怎麼做。孔子說：「先努力耕耘，然後才收穫成果，這樣就是行仁了。」

這話聽著太簡單了。農夫好好耕耘，然後收穫，這就是行仁嗎？如果不，又該怎樣做呢？這是孔子典型的因材施教。答案很適合樊遲這個學生，他是一個很務實的人，沒有太深刻的思考力。

宰我問曰：「仁者，雖告之曰『井有仁焉』，其從之也？」子曰：「何為其然也？君子可逝也，不可陷也；可欺也，不可罔也。」

宰我這個學生實在調皮，問孔子：「行仁的人，如果告訴他『井裡有仁可取』，他是否跟著跳下去呢？」孔子說：「他怎麼會這麼做呢？對一個君子來說，你可以讓他過去，卻不能讓他跳井；你可以欺騙他井裡有仁可取，卻不能誣蔑他分辨不了道理。」孔子提到了君子，因爲君子是有志向並且努力修養的理想人格典型。孔子不認爲誰能達到仁者境界。

孔子的學生沒有一個清楚什麼叫「仁」的，所以顏淵問仁，仲弓問仁，司馬牛問仁，樊遲也問仁。宰我也不清楚，但是他懶得請教什麼叫「仁」，因爲老師把「仁」講得這麼美好，才提出上面的問題。他不了解，一個人行仁是在內不在外，是以眞誠爲出發點，主動產生行爲力量的。

這段話充分顯示了宰我的聰明，他故意舉例來問，使老師講了很精采的一番話。

子貢曰：「如有博施於民而能濟眾，何如？可謂仁乎？」子曰：「何事於仁！必也聖乎！堯舜其猶病諸！夫仁者，己欲立而立人，己欲達而達人。能近取譬，可謂仁之方也已。」

子貢問：「如果有人廣泛地照顧百姓，又能眞正救助眾人，如何？可以稱得上仁者嗎？」「博施濟眾」四個字多麼好。子貢這麼問，說明他不清楚什麼叫仁，就提出一種最理想的情況。

孔子說：「這樣何止於仁者，一定要說的話，已經算是聖者了，連堯舜都難以做到呀！所謂行仁，就是在自己想要安穩立足時，也幫助別人安穩立足；在自己想要進展通達時，也幫助別人進展通達。能夠從自己的情況來設想如何與人相處，可以說是行仁的方法了。」

孔子爲什麼說「博施濟眾」難以做到呢？古代的聖王都很照顧百姓，但是百姓生生不息，聖王照顧好這一代，未必能照顧到下一代，而且聖王除了讓百姓吃飽喝足，還應該讓他們受教育，要代代都有好老師才行。老百姓這麼多，總有一些是太陽光也照不到的，所以堯舜也覺得自己做不到。

「博施濟衆」是孔子的理想，儒家的理想。孔子如此肯定「聖」的含義，正因爲人性向善，善是我和別人之間適當關係的實現，只要有能力就要「博施濟衆」。

孔子曾經講過八個字：「己所不欲，勿施於人」，我不希望別人怎樣對我，就不要那樣對別人。這次他講：「夫仁者，己欲立而立人，己欲達而達人。」前者告誡人們不要做沒有水準的事，是消極的；比較積極的是後者，勸告別人做正當的事。

孟子講得好，一個人行仁就是「善推其所爲而已」。儒家就是一個「推」字，推己及人。不只我一個人要站穩，別人和我一樣也要站穩；不只我一個人要發達，別人和我一樣也要發達。「仁」這個字從「人」從「二」，我和別人兩個人才能成爲「仁」，才能實現我的生命要求。這是做人的更高層次。

孔子講行仁，用了「能近取譬」四個字，即根據自己的情況來設想如何與人相處。沒有別的，行仁就是設身處地替別人著想。譬如，我和別人來往的機會很少，就是上課、演講，我堅持做到從不遲到，就是因爲我替學生著想。學生準時來了，等了半天老師不來，這不行，老師不能找藉口說下雨堵車，只要不讓這種情況發生就好了。

卷八

述而第七

如果我們能用來讀書的時間不多，傅教授推薦先讀本篇。在這裡，孔子幾次眞情流露，描寫自己生命的一些特質。

1. 何有於我哉

子曰：「默而識之，學而不厭，誨人不倦，何有於我哉？」

孔子說：「把所見所聞默默記在心裡，認眞學習而不厭煩，教導別人而不倦怠，這些事情我做到了多少？」

「何有於我哉？」有兩種解釋。第一種，這對於我有什麼困難？我們平時可以這麼用。有人說「登這座山很難啊」，我說「何有於我哉？」表示我很有信心，我有能力做到，口氣有些狂妄。第二種，我到底能有什麼呢？我好像什麼都沒做到。這兩種解釋都不合理。

從孔子的語氣考慮，「何有於我哉」應該翻譯爲「我做到了多少」。第一，如果認爲「默而識之，學而不厭，誨人不倦」這三點毫無難度，孔子不會提；第二，如果他都做得到，就不必說「何有於我哉」。所以這三點是一直要做下去的。

《論語》中，孔子兩次提到「何有於我哉」。對照一下：

子曰：「出則事公卿，入則事父兄，喪事不敢不勉，不為酒困，何有於我哉？」

——〈子罕第九〉

「出則事公卿」，在外服侍有公卿身分的人。根據古代制度，一個做官的人退休之後回老家，可以穿特定的服裝，大家看到了，就知道他以前對國家有功勞。怎樣服侍他呢？見他拿皮包就幫他拿一下，走路讓他走在前面，這就是「出則事公卿」。

「入則事父兄」，回到家裡侍奉親人長輩。孔子的父親，在孔子三歲時就過世了，孔子的哥哥孟皮，也在孔子年輕時就過世了，所以「父兄」二字不只是指父親和兄長，也指家族中的長輩。

「喪事不敢不勉」，爲人承辦喪事，不敢不盡力而爲。這句話證明孔子的職業是主持喪禮，而且他總是盡力把工作做好。「不爲酒困」，喝酒從來不會造成困擾。山東很冷，每天要喝點酒，但是孔子不會喝醉。聯繫上下句，可知孔子經常主持喪禮，這是他主要的收入來源。這種工作待遇不錯，因爲古人重視喪禮，有公卿身分的人、富貴人家尤其重視。一個人從死亡到埋進墳墓，要經過五十幾道手續，這些手續只有孔子這樣的專家清楚。

《論語．述而第七》中，有「子食於有喪者之側，未嘗飽也」的說法。孔子經常在死了親屬的人旁邊吃飯，不曾吃飽過。「未嘗」兩個字在哲學邏輯上是全稱否定的，說明根據學生統計，沒有例外。孔子主持喪禮，一待至少一個星期，他的學生有時候就來幫忙助喪，後來也學會了主持喪禮。學生都知道孔子平常的飯量，他身高一百九十二公分，每頓飯至少吃四碗，但是爲別人辦喪事的時候，他剛吃半碗就吃不下了。這一段也說明孔子經常主持喪禮。

總之，孔子確實以主持喪禮作爲正式職業，從而得到一定的待遇。我們不用擔心他的生活問題，也不用勉強他吃肉乾（束脩）。

2. 德行修養

子曰：「德之不修，學之不講，聞義不能徙，不善不能改，是吾憂也。」

這一章講了孔子的修養，特別值得我們借鑑。德行不好好修養，學問不好好講習，聽到該做的事卻不能跟著去做，自己有缺失卻不能立刻改正。這不是在講我們嗎？可這就是孔子的憂愁啊，他每天擔憂，就不會犯這些錯。我們好像沒有這樣的憂愁，所以永遠得不到改善。眞正偉大的人，常常覺得自己有錯，有所不足。一個人常常注意到自己的缺點，他就不會犯相關錯誤。如老子所說：「聖人不病，以其病病，夫唯病病，是以不病。」「病」即缺點。聖人沒有缺點，因爲他把缺點當缺點；正因爲他把缺點當缺點，所以他沒有缺點。老子的意思和孔子完全相通。

3. 道德仁藝

子曰：「志於道，據於德，依於仁，游於藝。」

到曲阜參觀孔子研究院，一進大門，就看到四根大石柱，上面寫著這四句話。它的含義不見得有多少人能講清楚。

有三個字看起來意思相近。「道」可以解釋爲人生理想，即人類共同的正路。「德」一向是獲得的「得」，表示做好事久了，對修養、德行有些心得；「據」指確實把握，有些人不肯繼續實踐、繼續把握，德行就會退步。「仁」是一個人的正路；「依於仁」指絕不背離人生正道。「游」字用得好，是莊子逍遙游的「游」；「游於藝」，孔子每天都講人生理想，這麼嚴肅枯燥，幸好他還可以涵泳藝文活動。

孔子說：「立志追求人生理想，確實把握德行修養，絕不背離人生正道，自在涵泳藝文活動。」這四句話說明了孔子的生命形態。

子於是日哭，則不歌。

孔子爲什麼經常哭呢？因爲他常常主持喪禮，看到別人哭得傷心，他也跟著哭。學生發現，老師這一天哭過，就不再唱歌。

這裡有個邏輯問題。是不是孔子有一天不哭，就會唱歌呢？不一定。孔子這一天哭過就不再唱歌，只能推出，他某一天沒哭，很可能唱歌。古代人不像現代人生活豐富，又看電視又上網，他們在漫漫長夜做什麼呢？有時是一起唱歌！《論語》中就有證據。

子與人歌而善，必使反之，而後和之。

老師跟別人一起唱歌，唱得開懷時一定請人再唱一遍，然後自己又和一遍。孔子唱和聲啊！可見他的生活自得其樂。人生在世不能選擇時代，也很難選擇社會，但是一定要讓自己過得快樂，孔子就是一個例子。我喜歡〈述而〉這一篇，因爲其中有好幾處表現了孔子的這種眞性情。

4. 子之所愼

子之所愼：齊（ㄓㄞ），戰，疾。

這七個字很重要。孔子最謹慎的三件事，有確定的排序：第一是齋戒，第二是戰爭，第三是疾病。

孔子最謹慎的事，排第三的是不要生病。因爲古代醫藥水平不太發達，一個人一旦生病恐怕就要「嗚呼哀哉」，所以要小心，千萬不要生病。爲什麼孔子這個不吃那個不吃呢？因爲病從口入，亂吃東西就會生病。甚至在他生病的時候，季康子送藥給他，他也不吃，說這種藥的藥性不了解，就不吃。一種藥說不好是良藥還是毒藥，如果不對症就成毒藥了。

排第二的是戰爭。因爲戰爭是一種群體行爲，很可能造成大量傷亡，傷亡者大多是年輕人，受難的大多是老百姓。所以孔子認爲對待戰爭一定要謹慎。

但是孔子認爲最重要、最需謹慎的事，是齋戒。齋戒就是爲了祭祀，祭祀是宗教行爲。可見孔子當然有宗教信仰，還有宗教行爲，不然爲何把齋戒當作第一項要愼重的事呢？

〈鄉黨第十〉談到孔子有關齋戒的事情。譬如，「雖疏食菜羹，必祭，必齊如也。」翻譯爲：即使吃的是糙米飯與小菜湯，也一定要祭拜，態度一定恭敬而虔誠。古人在開始吃飯之前，每樣菜夾一點放在桌子上，用來祭拜發明熟食的人，表示感謝。可見，孔子每頓飯都要祭拜一下。

孔子祭拜時態度一定非常嚴肅，他才不贊成「祭如不祭」。

無神論者？

我有時候開會遇到一些學者，他們總要證明孔子是無神論者，我會與他們爭辯起來。有人還說：說孔子是無神論者是看得起孔子，因爲馬克思是無神論者啊。當時我聽了眞的很無奈，這是什麼理論呢？孔子怎麼會是無神論者呢？他經常談論到鬼神呢。

事實上，眞正的無神論者是很少的。好歹我們總得認爲，自己的祖先以某種方式存在嘛。「我祖先會保佑我」，這就不是無神論。

有一個人是眞正的無神論者，他的話有明確的立場，這個人叫吳稚暉。民國初年成立中央研究院，吳稚暉是第一屆中央研究院的院士。我喜歡這個人，因爲他誠實。吳稚暉是無神論者，寫文章公開說：我是無神論者，所以我的人生觀只有四個字可以描述，叫做「漆黑一團」。他很誠實。無神論者必須承認他的人生觀是漆黑一團，否則絕不能說自己是無神論者。

何謂無神論？認爲沒有鬼神，沒有任何一種神明，個人也不存在靈魂的問題，人死了就跟燈滅掉一樣，塵歸塵、土歸土，一切歸於虛無。這是標準的無神論。吳稚暉是研究科學的，他說，怎麼可以證明神的存在呢？最後他很誠實地寫文章，白紙黑字地寫，我是無神論者，長期的思考告訴我，我的人生觀是漆黑一團。不過呢，我想了半天，還是有三件事可以做：第一個吃飯，第二個生孩子，第三個交朋友。

吃飯和生孩子是標準的食與色，動物也會。所以吳稚暉先生對交朋友特別重視。四海之內，不同膚色、不同信仰的人都可以做朋友，比動物要豐富複雜得多了。這樣一個人是值得尊重的，因爲他誠實。

最怕有一個人說自己是無神論者，然後對各位說，你們好好奮鬥，未來是光明的。什麼是光明？未來有什麼光明？這是欺騙別人。一個人只要誠實，別人就會尊重他。吳稚暉就能一以貫之，無神論到底，漆黑一團。幹嘛活著？吃飯，生孩子，交朋友。無神論者覺得人生結局就是死，死就是什麼都沒有了，這一生當然就剩四個字：得過且過。爲什麼奮鬥，爲什麼那麼累呢？說實在的，這樣的人生觀非常無奈，值得同情。

我們不要隨便說自己是無神論者。你可以說，我沒有信仰任何宗教，因爲時機還不成熟，不覺得人生有什麼必要去信仰宗教。人往往在遇到危難時才會信仰宗教，因爲不信仰就會覺得無所依靠。

汶川大地震就告訴我們，人非常脆弱，一不小心就走了。晚上睡覺時會想，大地一片漆黑，還會有明天早上嗎？我睡著了明天還會醒來嗎？如果醒不了的話，我這一生算怎麼回事呢？人生的意義到底何在呢？人生根本不能被理解。無神論者到最後一定有一種悲涼的心情。

我不太喜歡讀歷史，讀了就看到「悲慘」二字，慘不忍睹。哪一個好人得到好報，哪一個惡人得到惡報了？寫《史記》的司馬遷是第一號歷史學家，沒有人否認。《史記》中排第一的列傳是《伯夷列傳》，伯夷這麼好的人死得這麼慘，怎麼談天道呢？司馬遷忍不住感嘆：「天道，是也，非也？」沒有鬼神存在，沒有來世，沒有另外一種生命的話，人活在世上到底做什麼？司馬遷也不知道，但是他還要努力，把他的作品「藏諸名山，傳之其人」。

但是孔子的立場總是很堅定，爲什麼？他是有神論者。這是正常的理解啊！什麼叫神？神的定義有廣義和狹義之分。廣義的「神」是指，宇宙裡有更高的力量存在，比人更高，很難猜測它的安排是什麼，也可以把它叫做宇宙智慧。狹義的「神」就是一個神，像基督教的上帝，或者佛教的覺悟境界。再如中國的帝王稱天子，他明明「號令天下，莫敢不從」，爲什麼還要做天的兒子呢？因爲大家都相信天。

孔子只是接受他傳統的信仰，相信天。得天命者爲天子，天命本來只有天子一個人可以得到，但是孔子「五十而知天命」，從他開始，天命成爲每個人普遍可以體驗的。什麼天命呢？人性向善，擇善固執，最後要止於至善，這是每一個人的天命。怎麼做到呢？一個人是什麼角色就做什麼事，盡全力把它做好，就合乎天命了。

5. 生活態度

子曰：「飯疏食飲水，曲肱而枕之，樂亦在其中矣。不義而富且貴，於我如浮雲。」

孔子講述了自己的一種生活態度。我們以爲只有顏淵「一簞食，一瓢飲，在陋巷」，原來孔子也差不多。他說：「吃的是粗糧，喝的是冷水，彎起手臂作枕頭。這樣的生活也有樂趣啊！用不正當的手段得來的富貴，對我好像浮雲一樣。」

應該讀一讀《聖經》。耶穌說，狐狸有牠的洞穴，天上的飛鳥有牠的巢穴，人子（耶穌）到處向別人講道，卻沒有放枕頭的地方，沒有自己的家可以休息。孔子彎起手臂作枕頭，不是一樣嗎？這是東西方聖人相通的地方。聖人絕不追求生活上的安逸，而是立志向別人宣傳人生的理想。一個人可以不贊成耶穌的宗教，卻不得不佩服他那種耐得住貧窮的態度。

一個人耐得住貧窮，說明他的力量在內不在外。一個人富貴，他的力量往往源自外在憑藉，而沒有外在憑藉的人，只能靠內在的修練。孔子說，「樂亦在其中矣」，這樣的生活也有樂趣啊！窮得不得了卻還能快樂，這就不一樣了。他又說：「不義而富且貴，於我如浮雲。」浮雲飄來飄去，一點都不實在。

孟子說得好，「人人有貴於己者」，每個人都有的「心」非常可貴；後面接著說「趙孟之所貴，趙孟能賤之」。趙孟就是趙盾，晉國的三卿之一，權力很大。趙孟可以一天就讓你當上了大夫，也可以一天就把你貶爲庶人。這就是貴賤由人。做人的眞正立場是，貴賤在我自己。每個人的內在都有可貴的部分，「弗思而已」，自己沒去想而已。如果沒有自覺，身上有可貴的部分也沒用。

王陽明有句詩寫得好：「拋卻自家無盡藏，沿門托缽效貧兒。」拋棄自己家裡本來就有的無盡寶貝（指的是儒家思想），到處跟別人要，給我點佛教道理吧，給我藏傳佛教的道理吧，給我西方哲學吧。

王陽明的生平很特別，他年輕時什麼都學。他打坐的時候，能知道第二天誰來看自己，有點神通了。學生問，老師怎麼會知道呢？王陽明說，不要管，明天早上會有人來的。果然到時候有人就來了。因爲他打坐的時候心思很澄明，好像鏡子一樣。朋友來看他是週期性的，有的半年來一次，有的幾個月來一次，而他最近常常想到某個人，有一種感應。王陽明是文武全才，學禪宗，練武藝，最後發現都不是辦法，經過「五溺三變」，他回歸儒家。

如王陽明那首詩所說，到處向別人要東西，卻不知道自己家裡有好東西啊。《論語》裡面無所不包，人生、鬼神、天命都在裡面，問題在於能不能讀得出一貫的系統。因爲孔子的思想是一以貫之的。

6. 孔子其人

葉公問孔子於子路，子路不對。子曰：「女奚不曰：其為人也，發憤忘食，樂以忘憂，不知老之將至云爾。」

葉，古代讀葉（ㄕㄜˋ），但是大家習慣讀葉（ㄧㄝˋ），也無所謂了。

葉公問子路有關孔子的爲人，子路沒有回答。孔子對子路說：「你爲什麼不說：『他這個人，發憤用功就忘記了吃飯，內心快樂就忘記了煩惱，連自己快要老了都不知道，如此而已。』」

這是孔子的「三忘主義」：忘食，忘憂，忘老。這麼講自己，多麼簡單，孔子就是這樣的人啊！「發憤忘食」，說明他有目標，或是念書，或是做事。「憂」，指外在的各種挑戰；「樂以忘憂」，說明他的快樂在內不在外。孔子有許多事情要去做，許多困難要去克服，但是快樂由內而發，可以讓他想不到這些煩惱。最後「不知老之將至云爾」，他活在當下。

7. 怪力亂神

子不語：怪、力、亂、神。

「語」，指和別人討論；「言」，指自己說話。睡覺時不說話，吃飯時不討論，叫做「寢不言，食不語」。

這一章很重要。孔子不討論「怪、力、亂、神」這四點，並不代表它們不存在。怪、力、亂、神自古以來一直存在，到今天社會上還有，但是我們不必去談論。談論只會造成人心惶惶，反而讓人忽略了什麼叫做正常。學新聞的人都知道，狗咬人不算新聞，人咬狗才算新聞。所謂新聞，大半是反常的事。我們每天看報紙，都覺得刊登的反常的事很多，都在心裡想，哎呀，這社會多麼可怕。其實我們身邊還是正常的人多，反常的事少，新聞媒體的誇張讓大家產生了錯覺。

要特別注意「神」字，不是鬼神的神，而是代表靈異事件，這是孔子不談的。

8. 顧諟天命

子曰：「天生德於予，桓魋（ㄊㄨㄟˊ）其如予何？」

孔子說：「天是我這一生德行的來源，桓魋又能對我怎麼樣呢？」

孔子有兩次把天抬出來，都是在自己差點被殺的時候。這說明孔子確實相信天。一個人面臨死亡威脅時就不需要隱瞞了，直接說出自己的信仰。孔子認爲，如果我現在死的話，天是要負責任的。孔子在五十五歲到六十八歲之間周遊列國，正處在「六十而順」，順天命的過程。他是信奉天命的，並且「知其不可而爲之」，被譽爲「天之木鐸」。

子曰：「吾十有五而志於學，三十而立，四十而不惑，五十而知天命，六十而〔耳〕順，七十而從心所欲不逾矩。」

——〈為政第二〉

孔子說：「我十五歲的時候，立志於學習；三十歲時，可以立身處世；四十歲時，可以免於迷惑；五十歲時，可以領悟天命；六十歲時，可以順從天命；七十歲時，可以隨心所欲而不越出規矩。」

9. 聖人與仁

子曰：「聖人，吾不得而見之矣；得見君子者，斯可矣。」子曰：「善人，吾不得而見之矣；得見有恆者，斯可矣。亡而為有，虛而為盈，約而為泰，難乎有恆矣。」

孔子說：「聖人，我是沒有機會見到了，能夠見到君子，也就不錯了。」君子努力的目標就是成爲聖人。

孔子又說：「善人，我沒有機會見到了。能夠見到有恆的人，也就不錯了。明明沒有卻裝作有，明明空虛卻裝作充實，明明窮困卻裝作豪華；要做到有恆，是多麼困難啊！」

為什麼孔子連善人也見不到呢？一個人能做善的兒子，善的女兒，善的大臣，善的國君，但是做善人的話，全方位都要做到，那是不可能的。這是嚴格意義上的善人。跟這種善人有關的是「有恆者」。有恆者擇善固執，一直努力行善，才有可能成為真正的善人。

子曰：「仁遠乎哉？我欲仁，斯仁至矣。」

孔子說：「行仁離我很遠嗎？只要我願意行仁，立刻就可以行仁。」

這一章說明「仁」不是與生俱來的，可「欲」可不「欲」。只要「欲仁」，任何時候開始真誠，立刻就可以覺悟。

「仁」可理解為真誠引發的力量，讓我們做該做的事。這是一個動態過程。我坐在車上，看到一位老人家上來，我可以不讓座，那是因為我不真誠，不欲仁。我欲仁，就立刻讓座，行仁的機會立刻就出現了，「斯仁至矣」。

子曰：「若聖與仁，則吾豈敢？抑為之不厭，誨人不倦，則可謂云爾已矣。」公西華曰：「正唯弟子不能學也。」

孔子坦白說了：「像聖與仁的境界，我怎麼敢當？如果說以此爲目標，努力實踐而不厭煩，教導別人而不倦怠，那麼或許我還可以做到。」公西華說：「這正是我們學生沒有辦法學到的。」

孔子認爲，聖的境界很高，只有聖王，堯、舜、禹、湯以至文、武這些人可以達到。仁呢？需要蓋棺論定。孔子絕不會說我已經成仁了，只會說以仁爲目標努力實踐，或許可以做到。

孔子不把自己當作聖人看，把他當聖人的是孟子。孟子說，孔子「學而不厭」叫做智，「誨人不倦」叫做仁，合乎智和仁就是聖。

在第七篇中，孔子好幾次眞情流露，他眞是一位很可愛的長者啊！

卷九

泰伯第八

每個時代都有不同的情況，儒家教人眞誠，把握一些原則，針對具體處境經常自我反省。

1. 人文教化

子曰：「興於《詩》，立於禮，成於樂。」

〈泰伯第八〉沒什麼特別的，因爲曾子的水平有限，前面連續幾章都沒什麼精采的。這一句是孔子的話，比較重要。

「興」，指一個人開始出發；「立」，指立身處世，一輩子怎麼走路；「成」，指完成。《詩》、禮、樂這三者都是人文教化，對孔子來說不可或缺。他的目標是文質彬彬。

孔子說：「啟發上進的意志，要靠讀《詩》；具備處世的條件，要靠學禮；達成教化的目的，要靠習樂。」

「《詩》三百，一言以蔽之，曰思無邪。」「思無邪」，一切出於眞誠的情感。讀《詩經》讓人振作，因爲人生在世一定要有眞誠的情感，才可能找到出發的動力。

「立於禮」，不依靠禮儀，在社會上怎麼與人相處呢？

「成於樂」，樂指音樂，也代表和諧。在任何地方，都可以用音樂來調節自己的情緒、情感、情操、情調。情感活動離不開音樂，只有通過音樂，內心才能得到一種情感的協調。最偉大的人類發明絕不是科學，而是音樂。假如情感不能協調，科學再發達也沒有用，人類照樣會患憂鬱症，說不定更加嚴重。音樂是沒有國界的，通過音樂來協調情感，眞是千古不變之理啊！

2. 守死善道

子曰：「篤信好學，守死善道。危邦不入，亂邦不居。天下有道則見（ㄒㄧㄢˋ），無道則隱。邦有道，貧且賤焉，恥也；邦無道，富且貴焉，恥也。」

孔子說：「以堅定的信心愛好學習，爲了完成人生理想可以犧牲生命。不前往危險的國家，也不住在混亂的國家。天下上軌道，就出來做事；不上軌道就隱居起來。國家上軌道時，要以貧窮與卑微爲可恥；國家不上軌道時，要以富有與高位爲可恥。」

「善道」，指完成人生理想。「守死善道」，爲了完成人生理想，可以犧牲生命。這是「殺身成仁」的另一種說法，因爲道與仁有相通的地方。

・思辨與問答

【學　生】這樣說，應該有兼濟天下的情懷才對。

【傅佩榮】「危邦不入，亂邦不居」，是說我保留自己的生命，準備將來天下有道的時候來服務社會。要知道，培養一個人才是很難的。就如顏淵，正是可以為國家所用的時候，他卻死了，沒辦法實現志向了。這讓孔子哭得多麼傷心，說「天喪予」。

孟子給予顏淵很高的評價。孟子說：「禹思天下有溺者，猶己溺之也。稷思天下有飢者，猶己飢之也。」大禹治水，后稷教老百姓種植五穀，這兩人都了不起！這就是現在說的「人飢己飢，人溺己溺！」孟子又說：「禹稷顏回，易地則皆然。」「易地則皆然」，指交換了地方就是一樣的。孟子用五個字給顏淵平反了，認為只要給顏淵機會，他就是古代的大禹和后稷。可惜顏淵早死，如果他地下有知，聽到孟子這樣講，不是要痛哭流涕嗎？孟子不以成敗論英雄，把這些聖賢提升到歷史上的一種平等地位。

【學　生】傅老師，我有個問題。這裡講「危邦不入，亂邦不居」，豈不是說國家一有事儒者就逃跑，不是與「守死善道」的精神相違背嗎？儒家豈不是消極的，一有問題就要逃避？

【傅佩榮】問得好。我們要了解，一個人的力量很有限，要選擇時機和方式把自己的心得或才學表現出來，才能有益於社會，真正幫助百姓。

子曰：「直哉史魚！邦有道，如矢；邦無道，如矢。君子哉蘧（ㄑㄩˊ）伯玉！邦有道，則仕；邦無道，則可卷而懷之。」

——〈衛靈公第十五〉

孔子說：「眞是正直啊，史魚這個人！政治上軌道時，他的言行像箭一樣直；政治不上軌道時，言行也像箭一樣直。」但是史魚的結局是死於非命。他向衛靈公這種昏君拚命進諫，犧牲了生命而沒有任何效果，只留下一個名聲而已。

孔子又說：「眞是君子啊，蘧伯玉這個人！政治上軌道時，出來做官；政治不上軌道時，可以安然隱藏自己。」蘧伯玉為的是等待機會。

有人說，難道不用負責嗎？古代的政治狀況是，如果君主聽信幾個小人的話，忠臣耗盡力氣也沒用的，只會白白犧牲自己。所以君子要有智慧的判斷。

什麼叫做智慧的判斷，什麼又叫做貪生怕死？沒辦法，這個要自己去考慮了，因為每個時代都有具體情況。儒家只是教人眞誠，把握一些原則，針對具體處境經常自我反省。

譬如，譚嗣同等「戊戌六君子」就很了不起。譚嗣同勸梁啟超，「不有行者無以圖將來，不有死者無以酬聖主。」沒有人離開，將來就沒有希望；可是光緒皇帝這麼信賴我們，沒有人犧牲就不足以回報天子。你遠走，我赴死，這樣兩全其美。後來梁啟超活下來，發揮了很大的作用。而譚嗣同的死讓很多人受到震撼，大家前仆後繼，維新運動有了後續發展。如果問，到底是譚嗣同做得對，還是梁啟超做得對？都對！儒家的思想意義就在這裡，原則是不要作無謂犧牲。

3. 聖明之君

子曰：「大哉堯之為君也！巍巍乎！唯天為大，唯堯則之。蕩蕩乎，民無能名焉。巍巍乎其有成功也，煥乎其有文章！」

孔子說：「偉大啊，像堯這樣的天子！眞是崇高啊！只有天是最偉大的，只有堯是效法天的。他的恩澤廣博啊，百姓沒有辦法去形容。他的豐功偉業令人景仰，他的典章制度也輝煌可觀。」

「章」指展現出來，「文章」指典章制度輝煌可觀。「唯天爲大，唯堯則之」，可見孔子眞的相信天，認爲做天子的就要效法天，照顧百姓。

子曰：「禹，吾無間然矣。菲飲食而致孝乎鬼神，惡衣服而致美乎黻（ㄈㄨˊ）冕，卑宮室而盡力乎溝洫。禹，吾無間然矣。」

孔子說：「禹，我對他沒有任何批評啊。他吃得簡單，對鬼神的祭品卻辦得很豐盛；他穿得不好，祭祀的衣冠卻做得很華美；他住得簡陋，卻把全部力量用在溝渠水利上。禹，我對他沒有任何批評啊。」

「鬼神」指祖先，否則不能用「孝」這個字。孔子稱讚大禹「致孝乎鬼神」，可知他肯定鬼神的存在。

卷十

子罕第九

孔子強調不能欺天，不願學生用不合乎禮的方式來爲自己抬高身價，此乃因孔子順天命，並講究禮儀。

1. 意必固我

子絕四：毋意，毋必，毋固，毋我。

孔子完全沒有以下四種毛病：他不憑空猜測，他不堅持己見，他不頑固拘泥，他不自我膨脹。

這是孔子的風格，太難做到了，需要把自我整個消解掉。正因爲這樣，他才會不斷地學習，也才能勝過別人。

2. 受命於天

子畏於匡，曰：「文王既沒，文不在茲乎？天之將喪斯文也，後死者不得與於斯文也；天之未喪斯文也，匡人其如予何？」

孔子被匡城的群衆所圍困，他說：「文王死了以後，文化傳統不都在我這裡嗎？天如果要廢棄這種文化，後代的人就不會有機會學習這種文化；天如果還不要廢棄這種文化，那麼匡人又能對我怎麼樣呢？」

匡城曾經遭到魯國陽貨的掠奪和殘殺，後人猜測因爲孔子的相貌與陽貨有些相似，使匡人以爲孔子是掠奪匡城的人，拘禁了他。其實，孔子的相貌與陽貨不太可能相似。首先，他們的身高相差太多，孔子身高一百九十二公分；第二，孔子生來額頭中間是凹的，很明顯，所以名字才取爲「丘」；第三，據說陽貨有重瞳，也比較特別。

到底是怎麼一回事呢？讀《史記》就知道了。孔子帶學生到了匡城，爲他駕車的叫顏刻。到了城門口，顏刻說，當初我們就是從這個城門缺口進去的。他指的就是陽貨帶人鎮壓匡城的那一次。這話被旁邊的匡人聽到了，就說，哎呀，陽貨又來了。匡人連夜將他們圍起來，圍了三天三夜，內外信息不通。匡人都很興奮，認爲逮到陽貨就可以報仇了。

莊子把這段故事講得更生動，說，孔子的學生被圍困了，個個都準備兵器，就如子路這種人，不管是不是誤會，就準備和外面的人決一死戰。孔子說，不要急。他拿出琴來，開始彈琴唱詩。外面的匡人一聽，覺得這不像陽貨的作風，陽貨不可能這麼文雅，就打聽裡面到底是誰，才知道是魯國的孔丘。於是帶頭大哥就來了（《莊子》中說是帶刀大哥），說，我們誤會了，以為你是陽貨，所以把你們圍起來，既然是孔丘你們就走吧。

對於這次劫難，孔子說什麼呢？他說，文王死了之後，文化傳統不都在我這裡嗎？這是孔子的誇張嗎？不是，是孔子的自信，因為他太用功了，比任何人都好學。並不是每個人都需要那麼謙虛的。譬如，我現在教學生《論語》，當然有我的信心了，如果沒有看過上百家注解我怎麼敢開口？

孔子說了，天如果要廢棄這種文化，後來的人就沒有機會學習這種文化了；天如果還不要廢棄這種文化，那麼匡人又能對我怎麼樣呢？孔子順天命，才會講這樣的話。

朱熹的《朱子語類》，是按照他說的話分類編纂的。其中有一部分專門談《論語》，記述了他講課時的師生交流。學生問，老師，那時候月黑風高，如果匡人衝進來把孔子殺了怎麼辦呢？這是假設性的問題。朱熹說，孔子有天命在身，應該沒有問題。學生又問，假如真的有人衝進來把他殺了，怎麼辦呢？朱熹說，那也只好認了。我讀到這裡就想，唉，朱熹這個人很有學問，書讀得很多，這沒有什麼問題，但是他爲《論語》作的注解，有時候不見得很理想。

〈雍也第六〉中，孔子又一次把天搬了出來。

子見南子，子路不說。夫子矢之曰：「予所否者，天厭之！天厭之！」

孔子應邀與衛靈公夫人南子相見，子路對此很不高興。孔子回來之後，子路臉色很難看，對孔子愛理不理的樣子。在《論語》中敢給孔子臉色看的，只有子路一個，因爲子路只比孔子小九歲而已。孔子還向他發誓，說：「我如果做得不對，讓天來厭棄我吧！讓天來厭棄我吧！」這樣一來，子路就沒話說了，因爲老師那麼相信天，能拿天來發誓，就知道眞的不能怪老師了。

南子是衛國國君夫人，但是名聲不好，身爲夫人還交男朋友，又在搞政治鬥爭。衛國當時有兩派勢力，南子這一派叫宮廷派；另一派王孫賈和彌子瑕屬於實力派，負責實際的政務。兩派不斷鬥爭，都想拉攏孔子。這些孔子都知道，可是他不能不赴南子的約。子路反對說，那個女人名聲不好，你不要去，不然會被利用。孔子說，她是有名分的國君夫人，是主人，我是來賓，發帖子給我，我怎麼能不去呢？按照禮儀我還是要去。

南子見他的時候有個特點——不直接相見，兩人之間隔著簾幕。南子戴上所有的飾品，孔子隔著簾幕只聽得一個女生講話，同時環佩之聲丁鈴噹啷，好像一棵聖誕樹。他們並沒有談什麼，孔子就出來了，之後就被利用了。衛靈公說，孔先生坐馬車吧，帶你觀光一下市區。靈公和夫人坐在最前面的車上，孔子坐第二輛車，招搖過市。靈公想讓衛國人看到，孔子跟在我的車後面，聽我的。

孔子回去後很狼狽。子路的臉色很難看，意思是，看到了吧，叫你不要去你還去，果然被利用了。孔子就對子路發誓，說自己做的是對的。這聽起來很新鮮，孔子還會對學生發誓。

另一派是有實力的大臣王孫賈和彌子瑕。現在男同性戀被稱爲「斷袖之癖」，就是從彌子瑕那裡來的。衛靈公有斷袖之癖，喜歡彌子瑕。有一天，兩個男人在睡午覺，衛靈公的袖子被彌子瑕壓住了，卻因爲疼愛他捨不得把他叫醒，就用劍把袖子割斷，這叫做「斷袖之癖」。衛靈公是雙性戀，一方面有南子，一方面有彌子瑕。古代很多故事現在都變成成語了。

3. 學習感悟

顏淵喟然嘆曰：「仰之彌高，鑽之彌堅。瞻之在前，忽焉在後。夫子循循然善誘人，博我以文，約我以禮，欲罷不能。既竭吾才，如有所立卓爾。雖欲從之，末由也已。」

我們很希望聽到顏淵講話，因爲他難得說話，這一章値得好好讀。

顏淵感慨道：「越抬頭看，越覺得崇高；越深入學，越難以透徹。看起來是在前面，忽然又到後面去了。老師很能循序漸進地帶領學生，他以文獻知識廣博我的見解，又以禮制規範約束我的行爲，使我想停下來都不可能。我盡了全力之後，好像學會了立身處世的本領。但是當我想要進一步追隨老師，卻又找不到路可以走了。」

可以說，顏淵達到了「三十而立」，但是沒達到「四十而不惑」，還有迷惑。顏淵也承認自己不了解老師的一貫之道，才會這樣說，並且一直學下去。孔子眞像一個會「迷蹤步」的武林高手啊，這是最好的學生對孔子的印象。

孔子有他教學的方法，也有一定的效果，但是他的境界學生實在是趕不上。顏淵總覺得老師的學問那麼好，就是因爲他還沒有辦法完全掌握。譬如，顏淵可能體會不到我們講的「人性向善」的道理。懂得人性向善，就明白人的價值由內而發，整個生命就有內在的定位。

4. 天不可欺

子疾病，子路使門人為臣。病間，曰：「久矣哉，由之行詐也。無臣而為有臣。吾誰欺？欺天乎！且予與其死於臣之手也，無寧死於二三子之手乎！且予縱不得大葬，予死於道路乎？」

又一次出現了「天」，孔子強調不能欺騙天。

孔子病得很重的時候，子路組織了學生治喪委員會。古時候大夫以上級別的人生病了，有人來看望他，需要簽名，送鮮花等慰問的禮物。治喪的人會穿特別的服裝，有特別的頭銜，名義上是公務機關在做這些事。

中間孔子醒來了，說：「哎呀，由的做法太過偏差了。不該有治喪的組織卻一定要有，我想欺騙誰呢？難道要欺騙天嗎？我與其在治喪人的手裡過世，不是不如在你們幾個學生手裡過世嗎？我就算得不到隆重的葬禮，難道會死在道路上沒人管嗎？」孔子相信天，他說可以騙得了人但不可能騙天。

子路是想擺場面，他覺得老師曾經做過司寇，有過這樣的身分。可是現在沒有就是沒有，不能按以前的情況來做。孔子很講究禮儀，不想自己快死了，學生用一種不合乎禮儀的方式來給自己抬高身價。

師生情誼

我想起了我的老師方東美先生。方東美先生有四個兒女，全部在美國留學。在他的晚年，是我們這些學生陪他上課下課，在他生病的時候，是我和另一個同學把他抬進救護車，因爲我是他學生裡面最年輕的幾個之一。因爲他老人家病得很重，要有人輪流守夜，我又是第一個陪他過夜的。那時候我父母還年輕，他們生病我都沒有陪過。師生之間的感情很特別，不是像父母，像朋友一樣。就拿西方大哲來對照好了。在蘇格拉底死的時候，柏拉圖就說：「老師死了，我們都成了無父的孤兒。」這話表明老師是我們精神上的父母。在釋迦牟尼死的時候，他的弟子就像死了自己的父親一樣。這種偉大的老師和傑出的學生，歷史上多得很。孔子就是這樣的老師，能夠讓學生們主動爲他守喪三年，了不起。我也很幸運，遇到了方東美老師，做學生的都心甘情願爲他辦喪事，出殯的時候，我還捧著他的照片走在最前面。這些事情都歷歷在目，如在昨日。

但是，不管我對我的老師怎樣感恩，他也是老一輩的學者，對有些問題沒有進一步去思考。方老師寫書，也直接說，人性是本善的，全善的，至善的……這是我不能接受的。這種話代表的是一種信念，但是經不起驗證。他老人家以爲這是眞的。不過我們年紀差太多，不敢跟他討論。要是對他說，老師，人性怎麼可能是本善呢？他也不回答你，可能會說，念書去！不像現在，我說人性向善，任何人都可以跟我討論或者辯論。只要你有理由講出來，講得比我好，我就接受。在理性前面，人人平等，這是基本原則。

卷十一

鄉黨第十

本篇說明孔子生活的細節，包含其人文主義思想，以及與朋友相處之道。傅教授表示自己年輕時喜歡孔子，就是從這一篇開始。

1. 人文精神

廄焚。子退朝，曰：「傷人乎？」不問馬。

孔子家的馬棚失火了，他從朝廷回來，問：「有人受傷了嗎？」沒有問到馬。馬棚失火，誰可能受傷呢？是馬車夫、工人、傭人。在古代階級社會中，這些人是完全不受重視的，而馬很貴重，想知道一個人的財產多少，就看他有多少馬。但是對孔子來說，人人平等，而且人最重要，馬不重要。在那個時代，孔子的這種人文主義思想是難以想像的。我讀到這一段，就覺得孔子真了不起！

2. 與朋友交

朋友死，無所歸，曰：「於我殯。」

遇到朋友過世，沒有人來料理後事，孔子就說：「我來負責喪葬。」這是一死一生啊，乃見交情。

朋友之饋，雖車馬，非祭肉，不拜。

這一章講怎麼跟朋友相處。朋友送的禮，只要不是祭肉，即使是車與馬，孔子也不作揖拜謝。

祭肉，是家裡祭祀祖先時用的肉。如果在現代，孔子的做法是，你送我一輛賓士，我收到就用；你送我一塊用來祭祀的豬肉，我要向你作揖拜謝。我們卻不一樣。有人送我一輛賓士，我都快跪下來了；有人送我家裡祭拜祖先的旺旺仙貝，這個會拜謝嗎？做不到。

讀《論語》時我們要常問一句「自己做得到嗎？」，我們爲什麼崇拜孔子？僅憑這幾句話就足夠讓人崇拜的吧！我們就做不到。

子曰：「可與共學，未可與適道；可與適道，未可與立；可與立，未可與權。」

——〈子罕第九〉

交朋友要注意什麼呢?可以參考這一章。

首先,可以一起學習的人,未必可以一起走上人生的正道。畢業之後,人生的路途就不一樣了,不只是職業,包括做人處世的態度都不見得一樣。

其次,即使一起走上人生正道的人,也未必可以一起立身處世。遇到考驗的時候,未必每個人都一樣站得穩。

最後,可以一起立身處世的人,未必可以一起通權達變。做人最難的,就是結交到有事可以一起商量的朋友。孔子講的「權」,是指人生的重大抉擇。比如一個人要不要出國念書,要不要出去做官,做什麼行業,這些很難找到人商量。

附錄

【1】〈學而第一〉為民愛人

子路、曾皙、冉有、公西華侍坐。

子曰：「以吾一日長乎爾，毋吾以也。居則曰：『不吾知也！』如或知爾，則何以哉？」

子路率爾而對曰：「千乘之國，攝乎大國之間，加之以師旅，因之以饑饉；由也爲之，比及三年，可使有勇，且知方也。」

夫子哂之。

「求！爾何如？」

對曰：「方六七十，如五六十，求也爲之，比及三年，可使足民。如其禮樂，以俟君子。」

「赤！爾何如？」

對曰：「非曰能之，願學焉。宗廟之事，如會同，端章甫，願爲小相焉。」

「點！爾何如？」

鼓瑟希，鏗爾，舍瑟而作，對曰：「異乎三子者之撰。」

子曰：「何傷乎？亦各言其志也。」

曰：「莫春者，春服既成，冠者五六人，童子六七人，浴乎沂，風乎舞雩，詠而歸。」

夫子喟然嘆曰：「吾與點也。」

三子者出，曾皙後。曾皙曰：「夫三子者之言何如？」

子曰：「亦各言其志也已矣。」

曰：「夫子何哂由也？」

曰：「爲國以禮，其言不讓，是故哂之。」

「唯求則非邦也與？」

「安見方六七十如五六十而非邦也者？」

「唯赤則非邦也與？」

「宗廟會同，非諸侯而何？赤也爲之小，孰能爲之大？」

——〈先進第十一〉

宰我問：「三年之喪，期已久矣。君子三年不爲禮，禮必壞；三年不爲樂，樂必崩。舊穀既沒，新穀既升，鑽燧改火，期可已矣。」子曰：「食夫稻，衣夫錦，於女安乎？」曰：「安。」「女安則爲之。夫君子之居喪，食旨不甘，聞樂不樂，居處不安，故不爲也，今女安，則爲之！」宰我出。子曰：「予之不仁也！子生三年，然後免於父母之懷。夫三年之喪，天下之通喪也，予也有三年之愛於其父母乎！」

——〈陽貨第十七〉

【2】〈為政第二〉孔子言孝

子曰：「事父母幾諫，見志不從，又敬不違，勞而不怨。」

——〈里仁第四〉

子曰：「父母在，不遠遊，遊必有方。」

——〈里仁第四〉

子曰：「三年無改於父之道，可謂孝矣。」

——〈里仁第四〉

子曰：「父母之年，不可不知也。一則以喜，一則以懼。」

——〈里仁第四〉

【3】〈為政第二〉君子之道

子曰：「君子懷德，小人懷土；君子懷刑，小人懷惠。」

——〈里仁第四〉

子曰：「君子喻於義，小人喻於利。」

——〈里仁第四〉

子曰：「君子坦蕩蕩，小人長戚戚。」

——〈述而第七〉

子曰：「君子成人之美，不成人之惡。小人反是。」

——〈顏淵第十二〉

子曰：「君子和而不同，小人同而不和。」

——〈子路第十三〉

子曰：「君子易事而難說也。說之不以道，不說也；及其使人也，器之。小人難事而易說也。說之雖不以道，說也；及其使人也，求備焉。」

——〈子路第十三〉

子曰：「君子泰而不驕，小人驕而不泰。」

——〈子路第十三〉

子曰：「君子而不仁者有矣夫，未有小人而仁者也。」

——〈憲問第十四〉

子曰：「君子上達，小人下達。」

——〈憲問第十四〉

在陳絕糧，從者病，莫能興。子路慍見曰：「君子亦有窮乎？」子曰：「君子固窮，小人窮斯濫矣。」

——〈衛靈公第十五〉

子曰：「君子求諸己，小人求諸人。」

——〈衛靈公第十五〉

子曰：「君子不可小知而可大受也；小人不可大受而可小知也。」

——〈衛靈公第十五〉

【4】〈公冶長第五〉宰我其人

哀公問社於宰我。宰我對曰：「夏后氏以松，殷人以柏，周人以栗，曰，使民戰栗。」子聞之，曰：「成事不說，遂事不諫，既往不咎。」

——〈八佾第三〉

宰我問曰：「仁者，雖告之曰：『井有仁焉』，其從之也？」子曰：「何為其然也？君子可逝也，不可陷也；可欺也，不可罔也。」

——〈雍也第六〉

德行：顏淵、閔子騫、冉伯牛、仲弓；言語：宰我、子貢；政事：冉有、季路；文學：子游、子夏。

——〈先進第十一〉

宰我問：「三年之喪，期已久矣。君子三年不爲禮，禮必壞；三年不爲樂，樂必崩。舊穀既沒，新穀既升，鑽燧改火，期可已矣。」子曰：「食夫稻，衣夫錦，於女安乎？」曰：「安。」「女安則爲之。夫君子之居喪，食旨不甘，聞樂不樂，居處不安，故不爲也，今女安，則爲之！」宰我出。子曰：「予之不仁也！子生三年，然後免於父母之懷。夫三年之喪，天下之通喪也，予也有三年之愛於其父母乎！」

——〈陽貨第十七〉

【5】〈雍也第六〉弟子問仁

樊遲問仁。子曰：「愛人。」問知。子曰：「知人。」樊遲未達。子曰：「舉直錯諸枉，能使枉者直。」樊遲退，見子夏曰：「鄉也吾見於夫子而問知，子曰：『舉直錯諸枉，能使枉者直』，何謂也？」子夏曰：「富哉言乎！舜有天下，選於衆，舉皋陶，不仁者遠矣。湯有天下，選於衆，舉伊尹，不仁者遠矣。」

——〈顏淵第十二〉

樊遲問仁。子曰：「居處恭，執事敬，與人忠。雖之夷狄，不可棄也。」

——〈子路第十三〉

傅佩榮作品集 9

論語的人文之美〔第一部〕

著者　傅佩榮
責任編輯　曾曉玲
發行人　蔡文甫
出版發行　九歌出版社有限公司
臺北市105八德路3段12巷57弄40號
電話／02-25776564・傳眞／02-25789205
郵政劃撥／0112295-1
九歌文學網　www.chiuko.com.tw
印刷　晨捷印製股份有限公司
法律顧問　龍躍天律師・蕭雄淋律師・董安丹律師
初版　2013（民國102）年2月
定價　280元

書號　0110809
ISBN　978-957-444-868-5
（缺頁、破損或裝訂錯誤，請寄回本公司更換）

國家圖書館出版品預行編目資料

論語的人文之美. 第一部 / 傅佩榮著. ─ 初版. --
臺北市：九歌, 民102.02

面; 公分. -- (傅佩榮作品集 ; 9)

ISBN 978-957-444-868-5(平裝)

1.論語 2.注釋

121.222 101027422